臺灣歷史與文化 研究輯刊

十八編

第 4 冊

豐原土地公信仰研究

洪岱筠 著

花木蘭文化事業有限公司

國家圖書館出版品預行編目資料

豐原土地公信仰研究／洪岱筠 著 -- 初版 -- 新北市：花木蘭
文化事業有限公司，2020〔民 109〕
目 6+210 面；19×26 公分
（臺灣歷史與文化研究輯刊十八編；第 4 冊）
ISBN 978-986-518-184-0（精裝）
1. 土地公 2. 民間信仰 3. 臺中市豐原區
733.08   109010599

ISBN-978-986-518-184-0

臺灣歷史與文化研究輯刊
十八編 第 四 冊
                        ISBN：978-986-518-184-0

豐原土地公信仰研究

作　　者 洪岱筠
總 編 輯 杜潔祥
副總編輯 楊嘉樂
編　　輯 許郁翎、張雅淋　美術編輯 陳逸婷
出　　版 花木蘭文化事業有限公司
發 行 人 高小娟
聯絡地址 235　新北市中和區中安街七二號十三樓
　　　　　電話：02-2923-1455／傳真：02-2923-1452
網　　址 http://www.huamulan.tw 信箱 hml 810518@gmail.com
印　　刷 普羅文化出版廣告事業
初　　版 2020 年 9 月
全書字數 82649 字
定　　價 十八編 16 冊（精裝）台幣 40,000 元

豐原土地公信仰研究

洪岱筠　著

作者簡介

洪岱筠，臺中豐原人，臺灣師範大學教育與文學學士，中興大學文學碩士，現職於臺中市立后綜高中。一個從小在市場旁長大，卻從沒好好認識自己家鄉的人，懷抱著探索世界的熱情，帶著地理眼看遍世界，帶著地理腳走遍每個角落，畢業後回到豐原才發現自己對家鄉的陌生，開始一步一腳印的挖掘在地故事，看見每個隱藏在角落的感動。

提　　要

　　臺中市豐原區是一座歷史悠久的城市，從巴宰族的岸裡大社開始，就對豐原有所經營，到割地換水來的貓霧捒圳（今葫蘆墩圳）開墾，日治時期伐木業的蓬勃發展，讓整座城市欣欣向榮，對臺灣人來說，有人的地方就有信仰，豐原人的信仰十分豐富，其中，土地公是最貼近人民生活的神明，臺灣人民以廟來組織地方，土地公廟則用來組織最基層的地方聚落，因此，土地公廟不只是用來定義聚落範圍，更可以看出聚落中人民的組織及活動。在許多研究中都發現，一個村落對應一座土地公廟在臺灣相當常見，豐原亦是如此。

　　根據本研究田野調查發現，豐原區 36 里至少有 160 座以上的土地公廟中，可見一個里不只有一座土地公廟，除此之外，豐原的土地公信仰極具特色，有閩南及客家的土地公，閩客混合的土地公、日式建築的土地公、水上土地公，不是神像造型的土地公……等，還有許許多多的土地公廟，經過歸納分析田野調查資料，探詢造成豐原土地公多元化的原因，發現隨著時間的演進，不同時期的豐原土地公信仰具有不同的特色，且透過時間和空間的交叉分析，土地公廟在地圖上展現出豐原地區的開發歷史，正因為豐原地區的開發歷史悠久，在時間積累之下，讓多元土地公信仰保存至今；複雜的地形阻隔，讓土地公廟數量眾多；多元民族的文化融合更造就豐原土地公信仰的地方特色。

致謝辭

　　雖然是我撰寫了這份論文，但嚴格來說它並非憑我一己之力能夠完成，豐原土地公信仰研究需要大量的田野資料支持，一路走來要感謝的人太多，謝謝我的指導教授——林茂賢教授，除了在課堂上對臺灣民俗文化研究有更深入的認識之外，課後，老師提供我許多研究方法，引領田野調查的新手一步步的完成田野調查，動用各種人力資源協助我取得各項田野調查的資料，並在論文完成後協助修改論文，找出論述的盲點，如果沒有教授的指導，大概難以用一年多的時間就完成論文，真的非常謝謝教授在百忙之中抽空指導。

　　謝謝兩位口試委員許世融教授及朱惠足教授的指導，兩位教授非常詳細的閱讀論文，在論文上寫了滿滿的重點，並運用不同專業的觀點提供許多建議，許世融教授曾以豐原作為研究區域，對豐原地區有全面性的了解，因此在論文的結構上提供許多協助，經過多次討論後，修正為現今的結構；朱惠足教授從論文寫作的課堂開始，教導我們如何做研究，在論文計畫發表及論文口試皆提供許多意見，協助我找出論文盲點，使論文更加完善。

　　這一年來，暫停工作，走入田野，探訪豐原的每一間土地公廟，首先，要感謝我的家人，謝謝父母接納沒有收入的我，謝謝妹妹讓我諮詢許多論文研究的方法，並協助我完成論文中的所有地圖，謝謝弟弟載著我穿梭在豐原的山林田野，以及那段被狗追的日子。

　　最後要感謝的是在田野調查的過程中，所有協助過我的人，如果沒有這些人的回憶及分享，我根本無法完成這份論文，非常謝謝臺中市父母成長協會理事長莊淑如女士（阿如姐），因為阿如姐對在地的經營與熟悉，讓我得到

許多寶貴的資料，也更加了解豐原，與阿如姐一起田野調查的過程讓我學到很多，也聽到更多關於豐原的故事，不僅只是土地公信仰，更多的是從前的豐原，也謝謝阿如姐介紹《豐原市志》的撰寫人陳炎正老師給我認識，陳老師就像是座寶庫，憑著他多年來的研究，提供我許多寫作的方向，且告訴我許多他人所不知的豐原，老師從不吝於分享，在田野調查中遇到許多問題，向老師請教，老師總是不厭其煩的回答，並分享許多趣事，令我受益良多，也要感謝豐原區的里長們，尤其是朴子里里長陳文啓、東湳里里長唐志勇、西湳里前里長羅瑞旺、富春里里長陳麗鳳、翁子里長連佳振、中陽里里長黃英瑜、東陽里休閒產業發展協會創會長江建德……等人，謝謝里長們不吝於分享自己的在地經營，除了指點土地公廟的位置外，還協助了解土地公廟的各項在地傳說，並分享土地公的各項活動，如果沒有里長們的協助，大概很難找齊豐原地區全部的土地公廟，很謝謝里長們在選舉之餘仍抽空協助，也謝謝各管理委員會的委員、廟方人員、以及在土地公廟樹下聊天的里民們，因為有這些人的協助，讓我得以湊齊屬於豐原的記憶拼圖，也謝謝因為要完成此篇論文，而有機會對豐原有更進一步的了解，謝謝這個孕育我長大的地方。

目
次

附表目錄

第一章 緒 論

第一節 研究動機與目的

　　研究者出生在豐原，長在豐原，幸運地成為一名中學社會科教師回到豐原工作，社會科學是一門與生活結合的科目，但在教學的過程中，卻發現學生逐漸與現實脫節，雖然理解課本所學，卻甚少關心周遭事物，甚至不瞭解自己所在的家鄉，身為豐原人，他們怎能不知豐原事呢？然而，深刻反思後，發現不只是學生，連自己對於豐原的認識都不夠深刻，令人深感慚愧，在決定對豐原的歷史進行深入了解後，才發現豐原是一個相當有趣的城市，自平埔族始，豐原的歷史超過三百多年，保留了相當多不同時期的樣貌，只是隱身在豐原的各個角落，不易發掘，也無人關心，或許只是一個小土墩、一座小廟，卻蘊含了相當多的故事，而這些故事代表著豐原地區的開發史，然而，也因為渺小而微不足道，甚少有人去深入了解，因此，也未留下紀錄，研究者認為相當可惜，若再無人紀錄，可能歷史就隨著時間流逝了。

　　「臺中市豐原區」是一個發展歷史相當悠久的城市，從清領時期的貓霧捒圳開闢，讓豐原有了「小蘇州」的美稱，到日治時期因為對山上木材的需求，而建設豐原，使豐原成為交通運輸的節點之一，自此開始，葫蘆墩街的人口也躍升為臺灣前二十大，種種因素讓豐原很早就將城市中心發展的相當完善，但對於城市的發展歷史，相關的文字記載卻相當稀少，要如何了解一個城市是如何發展的？對臺灣人來說，從宗教開始，是最容易著手的，早期臺灣是一個移民社會，許多漢人渡海來臺開墾，也帶來了原鄉的宗教信仰，

移民的生活是艱苦的，而宗教信仰就成了移民者的心靈寄託，除了保佑渡海的媽祖之外，土地是人們賴以維生的地方，移民者來到臺灣與其他移民或是原住民搶地盤，土地神的祭祀就變得相當重要。

在《說文解字》中：「社，地主也」，也就是土地神，亦即現在的土地公，最早，人們將自然萬物生命力視為是有神靈的象徵，對這些自然萬物有祭祀的現象，這就是自然崇拜，也是最原始的宗教，而土地神自古以來便是最貼近人們，也是分布最廣的信仰，更有趣的是，土地公廟的分布與一個地區的發展息息相關，臺民每以廟來組織地方社區，土地公廟即用以組織最底層的地方社區──聚落。由土地公廟不只可以定義一個聚落的範圍，而且可以看出聚落內人群組織與活動的樣貌〔註1〕。因此，在許多研究中皆發現，一個村落對應一座土地公廟在臺灣是相當常見的，透過建廟的先後順序，我們可以知道這個地區的發展為何，甚至透過土地公廟的建築、配祀、土地公的服裝，來了解這個地區曾有什麼樣的歷史。

在本研究對於豐原區的土地公廟進行初步探訪時，發現豐原土地公信仰的多樣化，例如：前有鳥居的土地公廟、具巴洛克式風格的土地公廟、水上的土地公廟⋯⋯等，在臺中市政府宗教禮俗科中登記的廟宇便有 63 座，豐原區目前共 36 里，很顯然一個里當中不只有一座土地公廟，為什麼會有如此多元的土地公信仰，是本論文主要想研究的目標，本研究希望可以藉由土地公廟的田野調查，從中了解各土地公廟的特殊性，並透過訪談紀錄豐原土地公廟的歷史與傳說，除了為豐原土地公信仰留下文字記錄之外，從蒐集的資料中解析豐原地區的聚落發展，了解豐原土地公信仰的變遷。

第二節 研究問題

鄭志明認為：人類相信萬物是自然賜予的，對自然神的崇拜是企求獲得自然神力的佑護〔註2〕，對古時農業社會的人們來說，靠天吃飯的他們自然就形成了對自然萬物的崇拜，土地不只涵養作物，更是農業社會的人們賴以維生的根本，因此才有句話「有土斯有財」，故不難想像，人們會對土地神祭祀，

〔註1〕林美容（1987），〈土地公廟──聚落的指標：以草屯鎮為例〉，臺灣風物，37卷（1期），頁53～81。
〔註2〕鄭志明（1998），《神明的由來·臺灣篇》，嘉義縣大林鎮：南華管理學院，頁71。

土地神與人們息息相關，就因為土地神與民眾親近，因此祂不像其他宗教神明的新設，大都需要親返祖廟「分香」、「割香」迎迓神靈以安神位，迎請土地公只需要面向大地，誠心拜請即可〔註3〕，由於土地公這樣的特性，即使是剛到臺灣的移民也能祭祀，一個開荒的村莊中，可能沒有來自原鄉的信仰，但幾乎都會有土地公廟，土地公與人特別親近，因此土地公廟在臺灣四處都有，非常普及。

　　豐原也不例外，由於豐原悠久的發展歷史，使得豐原土地公廟眾多，土地公信仰相當多元，但在多元中，除了還能找到土地公信仰最原始的痕跡外，亦可在裡面看到豐原土地公信仰結合城市發展歷史，走出了自己的特色，本文將分成三大部分來探討豐原的土地公信仰：

　　第一部分，先要了解臺灣土地公信仰的由來及原貌，為什麼會有土地公信仰？在世界各地都能找到自然崇拜的蹤跡，每個族群幾乎都有屬於自己對土地神的信仰，漢人將土地神信仰從中國大陸帶來臺灣，與原本這塊土地上就有的平埔族土地神信仰碰撞，衍生出屬於臺灣的土地公信仰，土地公和最一開始的功能已經隨著時間而有所改變，現在的土地公在人們的生活中又扮演了什麼樣子的角色？而人們在祭祀的過程中又產生什麼樣的祭儀和風俗習慣？

　　第二部分要了解豐原土地公信仰的特殊性，透過田野調查的方式，找出豐原各個土地公廟的特殊性，有鑒於豐原位於特殊的族群交界區域，本研究將豐原土地公廟分為兩部分敘述，先以時間劃分成清代及日治時期與戰後，並佐以空間繪出豐原土地公廟的分布，依此分別對土地公廟進行調查，除了看土地公廟本身的傳說外，並訪談耆老，了解土地公廟形成的背景及原因，以利後續歸納整理，為豐原土地公信仰留下紀錄。

　　第三部分將透過田野調查所收集的資料，了解豐原土地公廟與聚落發展的關連性，是否因為豐原的發展歷史，而造成土地公廟的多元性？又或是因為豐原位於閩客交界的區域，使得土地公廟眾多？並從資料發掘，在歷史的演進中，今日豐原的土地公信仰是否隨著時間遞移而有所轉變？這樣的轉變又將帶給豐原的發展什麼樣的影響？

〔註3〕劉阿榮（2011），〈族群遷移與宗教轉化——以福德正神信仰為例〉，載於徐雨村（主編），《族群遷移與宗教轉化：福德正神與大伯公的跨國研究》，新竹：國立清華大學人文社會學院，頁1～22。

第三節　文獻回顧與探討

　　由於臺灣的歷史發展，早期移民社會的不安，造就了臺灣人對信仰的依賴，信仰對臺灣人而言，是生活中不可或缺的，人們一遇到任何解決不了的問題，就到廟裡去問神，無論工作、愛情、健康，無一不問，祭祀已成為日常，不管是祈求全家大小平安健康，或是為了感謝神明的保佑，甚至在特定節日還會有人自動捐獻，追隨神明的腳步到各地遶境，這些民俗無法為外國人所理解，信仰的力量到底是什麼？從日治時期開始，就有許多人對臺灣的宗教信仰進行研究，並做出許多貢獻，其中關於土地公信仰的研究也很多，因此，本研究亦是站在前人的肩膀上做研究，以期為自己的家鄉做出貢獻，本文獻回顧將分成兩部分書寫，第一部分將了解豐原地區的開發歷史，第二部分將探討土地公信仰的相關研究。

一、豐原地區的開發史

　　於日治時期由豐原公學校教員編纂而成的《豐原鄉土誌》是最早以豐原為主的文史紀錄，由教員們訪問纂寫，除了對地名進行考究之外，還製作歷史年表，對清領時期歷史進行訪問記錄，也為日治時期的豐原歷史留下詳細的文字及統計記錄，提供本研究對清領時期及日治時期的歷史有更深入的認識。

　　《日治時期寺廟台帳》是一本記錄日治時期所有寺廟的記錄，裡面記錄的寺廟的基本資料，例如：位置、建廟年代、主祀神、配祀神……等，更重要的是台帳中記載了寺廟的沿革，雖然多為寺廟負責人紀錄，內容參差不齊，但是在資料隨著時間逐漸亡佚的過程中，儘管無法嚴謹的確認資料的正確性，卻也為日治時期的寺廟留下不少記錄，可惜的是寺廟台帳中多記錄中大型廟宇，土地公廟在早期常為田頭土地公，隱身在田邊一隅而不易見，因而不容易被留下記錄，關於豐原土地公廟的記錄也僅 11 間，但是提供本研究相當寶貴的研究資料。

　　陳炎正〔1986〕在《豐原市志》中花了更多時間做文獻收集以及田野調查，除了編列年表大事記之外，於書中提到葫蘆墩巡檢司的設立對豐原的發展來說相當重要，但是在翻閱古籍之後，發現《豐原鄉土誌》與《臺灣通史》所記載的設立時間不同，他也在書中詳實的記載，透過本書，了解豐原地區的開發以及此地從古至今所發生的各種事情，提供本研究對豐原的歷史有更深入的了解。

在豐原區公所出版的《豐原采風》中提到豐原位於大甲溪沖積扇的扇頂，後來前人引大甲溪水灌溉，而成良田，古時因為地松柏林茂盛，因此平埔族語稱之為「泰耶爾墩」，後來才改稱叫做「葫蘆墩」，書中除了為豐原地區作簡介之外，還分了歷史地理、人物、宗教、建築、機關……等做介紹，雖然每篇的篇幅都僅用一到兩頁，卻也將豐原做了初步的介紹，對本研究而言，可以對豐原地區的人事時地物，做初步且通盤的了解，提供本研究思考的邏輯與脈絡，按照歷史發展順序書寫論文，整理土地公廟的流變。

陳炎正（2000）在《葫蘆墩圳開發史》中介紹豐原葫蘆墩圳的開發過程，並考究許多的古文書來做為佐證資料，讓研究者更了解豐原的開發過程，豐原地區的開發與葫蘆墩圳有極大的關係，從岸裡大社在豐原的開墾，與漢人張達京割地換水，開發貓霧捒圳，讓豐原地區欣欣向榮，也讓當時的葫蘆墩街成為日治時期全臺排名前五的街道，陳炎正在書中特別強調，在農業社會中，一個地區的開發和水利設備的發展有大的關聯，豐原的第一座土地公廟就位於開發的工人所住的地區「圳寮土地公廟」，因此，沿著葫蘆墩圳，應該可以找到不少土地公廟，而這些土地公廟也記下豐原的開發史。

賴志彰（1997）在《臺中縣街市發展：豐原、大甲、內埔、大里》中清楚的敘述豐原的產業發展，作為北臺中地區的農墾重鎮，在清領時期，因貓霧捒圳而使農業快速發展時，豐原也成為農業產品交流的集散地，至日治時期，因便利的水源可作為動力，使工業也迅速發展起來，像是造紙業、製麻業……等，水力的利用造就豐原輕工業發展的基礎，從農業到工業，豐原的產業轉變都脫離不了大甲溪，葫蘆墩圳引大甲溪水灌溉，水力不只灌溉土地，更成就豐原的經濟，作為財神代表之一的土地公，在此也顯現他的重要性，在豐原街市周圍，有五間土地公廟，由土地公廟圍起來的範圍，可以看出當時豐原街市的興盛。

陳尚美（2010）在《豐原地區祭祀圈研究》對豐原地區的祭祀圈形成與流變做了詳細的探討，並分析各個不同信仰的廟宇空間分布所代表的意義，也提到豐原土地公廟由於早期的農墾性質，多設立在田邊或水邊，有「顧田頭田尾」或「把水尾」的功能，而隨著時間的改變，許多土地公廟成為當地的信仰中心，但也因為工商業的發展，有許多活動都停辦了，其實受到都市化影響的不只有土地公而已，由於人口的移動複雜，使得宗教越來越多元化，因此，豐原地區已不只有傳統廟宇，更納入許多私廟宮壇，也讓祭祀圈變得不是這麼明顯，關於都市化對廟宇的影響，在土地公廟上亦有所展現，但由

於此篇論文較著重於祭祀圈的分析，因此將本文焦點鎖定在延續都市化對土地公廟的影響，並了解在土地公信仰上的變遷。

二、土地公信仰與聚落發展

劉枝萬（1963）在〈清代臺灣之寺廟〉的研究中認為臺灣漢人社會的各類神明和廟宇的出現，跟社會形成的各個階段是有關係的，在前部落期，沒有村落當然也沒有廟宇，但進入到部落構成時期，最先普建的就是土地公廟，抵臺之初，臺灣的生活環境，各種條件都相當不好，人們對於死亡有強烈的恐懼，因此需要信仰來祈求平安，安定心靈，在建村初期，吃是重要的問題，因此土地公便成為人們廣泛祭祀的對象，不只田頭田尾、甚至是滿山遍野都可以看到土地公的蹤跡，在此篇文章中，我們可以知道臺灣社會的信仰形成與地區開發有相當大的關聯性，土地公廟在地區發展史上，通常是一個地區最早出現的廟宇，這對本研究了解豐原地區的發展有極大的幫助。

王世慶（1971）在〈民間信仰在不同祖籍移民的鄉村之歷史〉中提到，漢人自清康熙年間移民進入新北市開墾，村民大多都是從事開拓的農民，因此他們共同祭祀鎮守土地及農業守護的土地公，並建土地公廟，祈求五穀豐收，由此可見在開拓之初，土地公廟對於人民的重要性，臺灣自古以農業立國，農民看天吃飯，因此土地公便成為農民重要的守護神，王世慶先生這篇文章便證實儘管是不同祖籍的移民，在開拓之初先蓋的也是土地公廟，直到事業有了基礎之後，才開始有其他的信仰活動。

林美容（1987）在〈土地公廟——聚落的指標：以草屯鎮為例〉的研究中，提到土地公信仰是具有地域性的，一區的人民只拜他這區的土地公廟，不會跨區拜拜，也證實臺民每以廟宇來組織地方社區，土地公廟即用來組織最底層的地方社區——聚落，因此，由土地公廟不只可以定義一個聚落的範域，而且可以看出聚落內人群組織與活動的樣貌，透過此篇研究，關於土地公廟的相關研究應更全面地來看，其不只有廟宇或信仰研究的功能，更能看出在當時的聚落中，人們是如何活動，而這些活動又代表了什麼樣的文化意義。

張二文（2001）在《美濃土地伯公研究》中提到美濃土地伯公分布的狀況與先民拓墾的路線吻合，由此可知，在開墾之初，由於人民的不安，而廣設土地公廟，以期平安，甚至對於開墾的成功也歸功於土地公的庇護，此篇論文協助本研究透過土地公廟，了解地區的發展順序，觀察土地公廟建立的年代與分布，我們可以了解地區最早發展的區域是哪裡，並分析他的發展史，

如同前文所敘，土地公廟是具有地域性的。

林怡資（2009）在《「阮 ê 土地公」：埔里土地公信仰研究》中就觀察埔里所有的土地公廟，發現聚落增加時，原本村落內的土地公廟管轄領域並未變大，而是透過新設立或由原本就在該地的私人土地公廟來祭祀，由此協助本研究知道土地公廟在區域發展時的限制，土地公的祭祀圈並非無限擴大，儘管里的範圍有所改變，但是依著祭祀的地利之便，並未擴大土地公廟的管轄區域，除非這間土地公廟有特殊的傳說，使祂添上特別靈驗的色彩，否則土地公就像是守護人民的好鄰居一樣，僅守著當地的人民。

吳仲一（2010）《土地公廟與板橋的開發》中，提到板橋屬於全區的都市開發區，地形阻隔較少，因此板橋的土地公廟相較之下是比較少的，除此之外，吳仲一先生認為板橋地區的都市屬性，讓人民與土地的關係較淡薄，祭祀圈也較不明顯，透過此篇論文，本研究了解到土地公廟的數量跟分布會受到地形的影響，山上因地形阻隔，祭祀不易，所以土地公廟具山多、平原少、都市化的街市中更少的特色，豐原屬於丘陵地形，接近山區，但不知道是否也具備相同的特性，這是在研究中需要確認的。

吳聲淼（2009）在《隘墾區伯公研究：以新竹縣北埔地區為例》中提到聚落伯公大部分位於邊緣地帶，具有領域界定與「把水」的功能，所以伯公的坐向多為與溪水流向相對或與溪水流向相垂直，在此篇文章中能看到在北埔土地公廟大多位於聚落的邊緣地帶，中心街市區反而較少，吳聲淼先生認為這裡的土地公具有界定聚落範圍的作用，而在聚落外的土地公廟，則具有把水的功能，水對於農業社會而言相當重要，誰的田能有水圳灌溉，那必能豐收，如果水源出了問題，不只是農作物會出事，甚至是人民的生活都會有問題，因此讓土地公來看顧對大家生活中不可或缺的水源，就變成土地公一項非常重要的職責，豐原的開發都與葫蘆墩圳脫不了關係，那豐原的土地公廟是否也都圍繞著水圳打轉，除了在水圳邊的土地公廟外，是否還有其他特殊功能的土地公廟，豐原土地公廟設立的方位是否也展現了特殊意義？

曾元駿（2010）在《鹿谷鄉的聚落發展與土地公信仰》中，提到土地公廟的區位分佈，不僅記錄聚落發展的整個脈絡順序，也顯示居民在不同自然環境的差異下，對於土地公的設置考量也因聚落產業型態的轉移而有差異，豐原的聚落發展與葫蘆墩圳的開發有很大的關係，但是那都已經是農業社會時期了，隨著時代的演進，豐原的葫蘆墩街在日治時期，伐木業的蓬勃發展，讓葫蘆墩

街成為全臺第四名的街市，當時的豐原可說是熱鬧非凡，極早就進入商業的發展，已經不再是農業社會的豐原，土地公廟的發展是否也有所更迭？

　　王建旺（2003）在《臺灣的土地公》一書中，詳盡的介紹臺灣的土地公，從起源到造像藝術，以及臺灣土地公的信仰特色都有相當的了解，在書中他提到不同造型的土地公具不同的意義，例如：戴官帽的土地公，可能當地曾有過當官的子弟來還願，才會讓土地公戴上官帽；若土地公廟中具有土地神位碑，那表示這個地區的居民可能是以客家人為主；以前土地公手上拿的是拐杖，因自古農業社會需要巡視，但是有些土地公改成拿如意或是元寶，隨著時代的變遷，土地公也變成財神的象徵，在書中作者提到土地公廟遍布全臺和社區居民結合，也成為社區居民社交的重要場所，但因為時代的改變而使土地公廟染上商業的氣息，這也是作者覺得比較遺憾的，但從這裡我們也可以看到，人們賦予土地公的職責已經不單純是只有土地崇拜，更多的是會隨著地區的不同而做改變，在農村中的土地公守田，在水圳附近的土地公看水，在商業區的土地公更是帶來財富的代表，那在豐原眾多的土地公職責又分別是什麼呢？我們透過當地土地公廟的建築、服飾及土地公的職責，了解這個區域人民的職業及特性。

　　從上述文獻回顧，可以看到信徒因為各自的需求而選擇祭祀的神明，隨著時間的改變，神明也可能為了因應人們的需求而有職務上的調整，即使我們已不再依靠土地維生，但是人們依然會有祭祀土地公的習慣，而讓土地公的職能有所改變，若我們能從土地公的職責轉變來著手，便能知道此聚落的人民對於土地公的祈求為何，進而分析出此聚落的人民職業及特性，用時間將這些轉變串起，便能知道區域的發展變化。

第四節　研究方法及章節安排

一、研究方法

　　本文將依質性研究的方式進行探討，首先將分成三大部分分析豐原的土地公信仰，第一部分透過歷史脈絡，了解臺灣土地公信仰的起源以及相關傳說，並透過資料整理現在的臺灣土地公職責，以及特殊的風俗，第二部分則是透過田野調查的方式，從文物的考察、耆老的訪談，了解豐原土地公信仰的特殊性，以土地公廟的沿革、相關傳說、形象、祭儀與風俗等來當作指標，

分析各個土地公廟對豐原地區發展史的特殊意義，第三部分將透過田野調查所收集的資料，結合空間資訊，了解豐原土地公廟與聚落發展的關連性，並分析豐原土地公廟隨著時間遞移而產生的轉變，本文採用的研究方法如下：

（一）文獻分析法

許多土地公廟的建廟年代久遠，需要從更多的史籍中去蒐集資料，例如：《彰化縣志》、《重修福建臺灣府志》……等史籍，透過史籍記載，了解當時的聚落開發狀況以及聚落的大事記，知道當時人民的生活，或是透過當時仕紳所寫得日記，例如：《水竹居主人日記》，了解當時的大眾文化，民間信仰本屬於大眾文化的一環，透過日記更能了解當時人民是如何參與土地公的祭祀，並藉由文獻中關於土地公的資料，記錄土地公在各個時期的轉變。

（二）田野調查法

研究者於 2018 年 8 月至 2019 年六月間深入當地，進行田野調查，豐原土地公信仰的歷史悠久，卻鮮少有人為祂留下正式的紀錄，研究者將訪問各地里長，調查豐原各地土地公廟，並藉由訪談當地耆老及居民，了解當地土地公廟建立年代、相關傳說、土地公職責，參與土地公廟活動，了解各種風俗與祭儀，並透過地理資訊系統記錄豐原區各個土地公廟的分布，進行資料分析，觀察豐原土地公廟的建立與豐原地區發展的關連，為土地公廟保存進行紀錄。

（三）深度訪談法

透過與耆老的深度訪談，從耆老的個人生活史中，了解豐原地區的變遷，並從不同人的經歷中，對土地公廟進行歸納與整理，找出土地公廟的共同點與不同點，分析其中的原因，並且希望在訪談中對耆老們所提供的民間傳說做紀錄，民間傳說可以說是口頭敘述的文學，透過地理與歷史的脈絡分析，我們往往可以在民間傳說中再現當時文化，或許在現代我們聽來可能覺得不可思議，但是在當時的人們可能因為某些緣故而深信不疑，也因此希望透過深度訪談，找到不同時期土地公信仰的蛛絲馬跡，了解其中的演變。

（四）參與觀察法

透過實際參與廟宇的活動，了解活動的進行方式與流程，深入觀察當地人對於參與土地公信仰活動的參與力，以及其對於土地公信仰的虔誠，並觀察在社會變遷之下，豐原土地公信仰的轉變，期望能夠透過親身經歷，而更

能體會在當下人們對於信仰的態度以及與土地公信仰結合的日常生活，進而了解背後的文化意涵。

（五）地理資訊系統應用

透過田野調查確定豐原土地公廟的位置，並按照年代分圖層呈現，利用地理資訊系統製作成地圖，與葫蘆墩圳進行疊圖分析，了解豐原土地公廟與葫蘆墩圳的關係，並透過面量圖比對豐原各里的土地公廟數量，分析造成各里土地公廟多寡的原因，進而歸納出豐原土地公廟的多元性。

依上述研究目的製作研究流程圖如下：

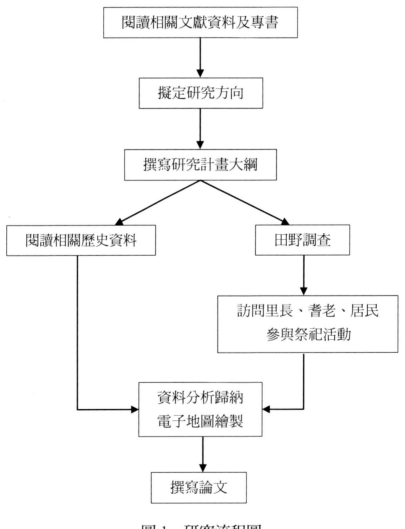

圖 1　研究流程圖

二、章節安排

　　本文共分六章，第一章緒論，第二到五章分別為：臺灣土地公信仰、清代及日治時期的豐原土地公廟、戰後的豐原土地公廟、豐原土地公信仰的發展與轉變，第二章先了解臺灣土地公信仰，從中國傳到臺灣後，是否仍延續著中國土地公信仰的精神，又或者發生什麼轉變，並探討豐原聚落的發展歷史，從清領時期的平埔族與漢人協議開鑿貓霧捒圳開始，到日治時期的街市發展，以及 1949 年以後的豐原產業結構改變，並初步了解豐原的土地公信仰為何，第三章和第四章則進入各里田野調查，將採用土地公廟建廟的年代進行先後排序，由於許多土地公廟年代久遠，早期多為壘石而座，在田邊不引人注目，因此常無詳細記載，在田野調查的過程中，若是寺廟沿革有相關記載，便予以採用，若為當地居民口傳，無法證實，便以寺廟中尚存的石碑所記載最早的年代來當作建廟年代，皆無法證實的便列為不詳，找出當期土地公廟的特點，及對地方聚落的影響予以介紹，試圖從時間及空間歸納分析豐原土地公廟的多元性，因豐原剛好位於閩客分界，即使現在許多客家人多已閩南化，但是在客家區域仍保有不少客家的伯公信仰在土地公廟中，許多土地公廟於清領時期建立，日治時期改建，至今仍維持日治時期的特色，戰後的土地公廟因應豐原產業結構的改變，功能也有所轉變，針對特色土地公廟進行逐一介紹。

　　第五章則針對所收集的資料進行分析與探討，首先將依據日治時期所作《臺灣在籍漢民族鄉貫別調查》進行閩客分界，由於人群的遷移特性，並無法準確的畫出一條實際的閩客分界線，只能夠依當時的人口調查去進行推斷，了解當時的閩客分界大致位於何處，本文將採許世融（2014）在〈20 世紀上半臺中地區閩客族群的分布——幾種日治時期種族祖籍調查的分析比較〉中提出的閩客分界來做為劃分，從 1915 年起以街庄為單位的人口調查開始，更能分清楚閩南與客家聚落的差異，許世融從 1915 年至 1935 年人口資料中的比較，發現豐原地區的客家優勢區大致上位於大湳庄、翁仔庄、上南坑庄、下南坑庄、烏牛欄庄、鐮仔坑口庄、朴子庄等七庄，探討豐原土地公信仰在時間的變遷之下，土地公廟與聚落關係的轉變，除此之外，根據田野調查資料探討在社會變遷之下，豐原土地公信仰是否有所轉變。

　　第六章結論將透過地理資訊系統整合田野調查資料及空間資料，歸納分析造成豐原土地公信仰多元性的原因，以及豐原土地公信仰之轉變。

第二章　臺灣土地公信仰

　　走在臺灣的街頭，每隔幾百公尺就有一座廟，臺灣廟宇的密度之高〔註1〕，其中又以土地公廟最多，根據內政部民政司調查，在清查地籍時，發現擁有最多土地登記的就是土地公〔註2〕！土地公之於臺灣人而言，到底扮演什麼角色？讓土地公的廟宇遍布全臺，無論是任何籍貫的人，都是土地公的信徒。

　　首先，我們必須先知道土地公信仰是從何而來，第一節要探討臺灣土地公信仰的起源？土地公信仰從何而來？除了從中國傳到臺灣來之外，是否因為來到臺灣在多元文化的交流之下，而發生了質變？除此之外，在臺灣的土地公信仰是否也伴隨著神蹟的傳說，讓臺灣土地公的信徒遍布全臺，歷久不衰？第二節要討論土地公信仰在臺灣的發展，或許每個地方的土地公信仰都不盡相同，但應該有部分的共同點，因此本研究想知道臺灣土地公的職責通常有哪些？在臺灣的土地公信仰衍生出了什麼樣的祭儀與風俗習慣？第三節則進入豐原地區的歷史背景，對豐原地區有初步的認識，進而了解豐原土地公信仰的發展脈絡。

第一節　土地公信仰的起源

一、土地公信仰概述

　　在探討豐原的土地公信仰之前，我們應先了解什麼是土地公信仰及土地

〔註1〕蔡和穎（2011.06.18），臺灣寺廟教堂　逾1萬5千座，大紀元。取自：http://www.epochtimes.com/b5/11/6/18/n3290008.htm。

〔註2〕徐義平（2014.03.31），全臺57萬坪土地屬神明　土地公最多，自由財經。取自：https://ec.ltn.com.tw/article/paper/766732。

公信仰的起源？人們對「土地公」的祭祀，自古以來便有跡可循，不止漢人會祭祀土地神，各民族都有祭祀土地神的傳說，人類相信萬物是自然賜予，對自然神的崇拜是企求獲得自然神力的佑護〔註3〕，對古時農業社會的人們而言，土地會涵養作物，也是他們賴以維生的根本，因此便有了對土地神的祭拜，祈求土地豐饒，來年豐收，先民祭祀土地神，一方面是對土地神賜予豐收而感念，一方面也認為這樣可以消災解厄，然而，土地之大祭祀不易，從中國許多古籍中可以得知，先民透過封「社」來祭祀大地，用來回報大地的恩賜，透過封社，分區祭祀，因此土地神遍布各地。

　　從《史記・封禪書》中可以知道，土地崇拜最早在商、周時期〔註4〕。李玄伯（1963）〈社稷演變考略〉中提到，「社」是人與地關聯的祭祀，從人們開始定居後，與土地建立關係，祀社就開始了，《論語・八佾篇》：「哀公問社於宰我，宰我對曰：『夏后氏以松，殷人以柏，周人以栗，曰使民戰慄。』魯哀公問宰我土地神牌位，宰我謂夏朝的時候用松樹，商朝的時候用柏樹，周朝的時候用栗樹，由此我們可以知道，在夏朝時就有土地神的祭祀，古時一開始可能以樹或石頭為代表，因此我們現在仍可以在土地公廟旁看到大樹的蹤跡〔註5〕，當然，隨著都市化的發展，不一定每間土地公廟旁都有一棵大樹，但我們可以知道土地公廟和樹、石頭有著密不可分的關係，一直到唐朝時都還有神樹的祭祀，人們相信能夠活得很久的大樹，一定有神靈庇護，現在也依然如此，在土地公旁時常會祭拜大樹，甚至是稱他們為樹公、樹婆，在臺灣也有許多地方有祭拜大樹公的習慣。

　　土地神原本是自然崇拜的神，但根據《左傳》中記載：「共工氏有子曰句龍，為后土，后土為社。」，《禮記》中也記載：「共工氏之霸九州也，其子曰后土，能平九州，故祀以為社」，由此可知，共工氏之子句龍，因對土地和水利有功被封為社神，也因此才開始有人格化的土地神，而文中提到的后土，則是我們在墳墓前側時常看到的「后土」，根據《楚辭・招魂篇》中提到：「魂兮歸來！君無下此幽都些。土伯九約，其角觺觺些。敦脄血拇，逐人駓駓些。參目虎首，其身若牛些。此皆甘人，歸來！恐自遺災些。」東漢文學家王逸

〔註3〕鄭志明（1998），《神明的由來・臺灣篇》，嘉義縣大林鎮：南華管理學院，頁71。

〔註4〕王健旺（2003），《臺灣的土地公》，臺北縣新店市：遠足文化，頁12。

〔註5〕李玄伯（1963），〈社祭演變考略——臺灣土地廟的調查研究〉，《大陸雜誌》，26卷第10期，頁1～5。

為楚辭做注，表示：「幽都，地下后土所治也。土伯，后土之侯伯也。言地有土伯，執衛門戶」，從王逸的注中，我們可以知道他認為土伯是負責守護幽冥之都的入口，因此，才有了在墳墓前祭祀后土的作法，守護墓地的土地公我們就稱為后土，有些墓地可能只有神位牌，但現在有很多墓地則放了人格化的土地公神像，從自然崇拜到人格化的土地公，都可以知道土地公與人民的關係密切，自古以來，以農立國的中國，人民仰賴土地生長作物，因而衍生出對土地公的信仰，而他們將土地公信仰隨著移民帶入臺灣。

　　最早生活在臺灣的是原住民，早期的原住民有自己的祖靈信仰，但是隨著荷蘭人、西班牙人在大航海時代相繼來到臺灣之後，原住民的信仰也有了改變，荷蘭為了經濟利益，利用宗教來達成他們的目的，為了開發臺灣內部資源及維持秩序，便以宗教教化原住民，宣教士學習原住民的語言與習俗，並將聖經翻譯成原住民的語言〔註6〕，透過這些傳教士的深入部落，讓越來越多原住民信仰基督教，但是在臺灣隨處可見的土地公信仰到底從何而來？原住民雖然也有自然崇拜，也祭祀土地，但是在原住民信仰中卻未曾見過形象化的土地公，因此，我們可以知道，臺灣這些形象化的土地公是受到外來文化的影響，很顯然的，並非受到荷蘭或西班牙的影響，因為他們在原住民的宗教政策上相當成功，但是這樣的政策對來自中國的漢人移民卻是失敗的，不管荷蘭人如何威脅和利誘，漢人移民始終都堅信著自己的宗教〔註7〕，因此我們能推斷出形象化的土地公應該是跟隨著漢人移民傳到臺灣。

　　打狗哨船頭的開臺福德宮建立於明嘉靖卅年（西元1551年）〔註8〕，依據劉枝萬教授的研究，他認為臺灣漢人社會的各類神明和廟宇的出現，跟社會形成的各個階段有關係〔註9〕，因此我們可以知道在明朝嘉靖年間打狗已有漢人移民在此活動，而且已非開墾階段，而是進入穩定發展的階段，在這顛沛流離、篳路藍縷的移民社會中，宗教信仰成了人們生活上最大的寄託，在這樣的時空背景之下，土地公信仰傳到臺灣，在臺灣深根發展。

　　臺灣民間信仰基本上是屬於一種普化宗教，而非制度化的宗教，多以民間廟宇、神壇或家屋內的神龕所祭拜的神祇為祭祀對象，因此具有強烈的地

〔註6〕馮作民（1985），《臺灣歷史百講》，臺北：青文出版社。
〔註7〕陳秀蓉（1998），〈日據時期臺灣民間信仰的發展〉，《歷史教育》，第3期，頁143～162。
〔註8〕據開臺福德宮寺廟沿革沿革記載。
〔註9〕劉枝萬（1963），〈清代臺灣之寺廟〉，《臺北文獻》，第5期，頁45～110。

方色彩〔註 10〕，每個地區會隨著當地風俗習慣的不同，神祇的角色、職能也會有所改變，臺灣的民間信仰可以說是從閩粵移植而來，但是因為受到臺灣自然環境和開發歷史的影響，極具地方特色，因此，臺灣民間信仰除了有來自中國的傳承外，亦有臺灣在地化的特色，綜合瞿海源、韋煙灶等對臺灣民間信仰的分析，認為臺灣民間信仰多具以下特色：

（一）多神信仰：臺灣的民間信仰為多神信仰，天、地、人都會祭祀，因此在一座廟宇中，時常能看到除了主祀神之外，尚有其他配祀的存在。

（二）凝聚地方社會的力量：臺灣的宗教並沒有嚴密的組織或是明確的教義，但是透過每個人對信仰的虔誠、奉獻己力，參與庄廟的宗教盛事，村莊每個人都有負責的工作，藉此凝聚地方力量。

（三）神明的靈驗性與功利性：臺灣的神不論神格大小，只要有神蹟，那他就有可能擁有廣大信徒，信徒會向神明許願，並表示在願望實現後會回來還願，像是：捐錢、協助修繕廟宇……之類的，尤其在臺灣 1980 年中期過後，因為風靡大家樂及六合彩，大家常到陰廟、濟公廟、甚至是土地公廟問明牌，靈驗的廟宇信徒會越來越多，也讓廟宇蒙上一層功利的特性。

「社」是人與地關聯的祭祀，人們從游牧進入到定居的農業社會以後，社的祭祀產生，豐原地區的平埔族「巴宰族」也一樣，在漢人進入之前，巴宰族以靈魂信仰為基礎，有自己的神祇、祭儀和巫術，當然也祭祀土地，巴宰族以「牽田祭」感謝祖靈，感謝土地的賜予，祈禱來年豐收，但是在清朝年間，漢人進入豐原地區開墾之後，便漸漸地放棄自己原有的信仰，崇拜漢人神祇〔註 11〕，位於從前巴宰族岸裡大社的所在地，有一座土地公廟名為「岸興宮」，岸興宮原本是平埔族所建的廟宇，在當地又被稱為番仔廟〔註 12〕，裡面祭祀著福德爺爺以及鍾馗爺爺的神位牌，由此可知，平埔族在清代已受到漢人的宗教信仰影響，據陳炎正先生口述，岸裡大社應受到客家人的影響，因為客家人認為鍾馗是財神，在清朝後期，岸裡社民潘開山因打獵受傷，至臺南府城找馬雅各醫生治療，治癒後將基督教引進岸裡大社，以至於後來岸

〔註 10〕郭明德（1997），〈臺灣民間信仰之省思〉，《臺北文獻》，第 122 期，頁 81～97。

〔註 11〕洪麗完（1997），《臺灣中部平埔族：沙轆社與岸裡大社之研究》，臺北縣板橋市：稻鄉出版社，頁 408。

〔註 12〕陳炎正先生口述，訪談者洪岱筠，民國 107 年 10 月 28 日，岸裡岸興宮前。

裡大社族人多改信基督教，教會取代岸興宮成為平埔族的信仰及聚會中心，而岸興宮的主要信仰者則僅剩漢人〔註13〕，從岸興宮的例子中可知隨著閩粵移民，土地公信仰傳到臺灣，深深地影響當地平埔族的信仰，岸興宮則為當時岸裡大社第一座土地公廟。

閩粵移民來到臺灣之後，帶來自己的信仰，臺灣的土地公祭祀大概可以分成兩種：一種是官祀，在《續修臺灣府志（余志）》中提到，官方修築社稷壇，要求官員們在祭祀之日必須要按禮法來祭祀，從雍正年間開始修築，在乾隆年間已正式運行，由此可見官方對於土地神祭祀的重視；第二種則是民間祭祀，也就是土地公廟，在臺灣許多地土地公廟一開始是以石頭、大樹為原型，或是由原鄉帶來的香灰，做為土地神來祭祀，隨著不同地方而來的人民，可能會有不同的祭祀方式，但用意相同，為了祈求土地神保佑豐收，這樣的信仰方式深深地影響在地的平埔族，有許多地方也開始祭祀土地公，並流傳著許多土地公的傳說。

二、臺灣土地公成神傳說

土地公的信仰來自古代自然崇拜，卻喪失了神話的原始風貌，隨著信仰型態的轉移與改變其傳說的內涵，亦改變了神明的形象與特徵〔註14〕，關於土地公的成神傳說很多，除了前述的句龍之外，最早有明確記載的平民社神是西漢的陳平，而在臺灣最被廣為流傳的則是張福德的傳說，也因此土地公廟常被稱為福德祠，土地公則被稱為福德正神，關於土地公起源的傳說，大概可以分為以下幾類：

（一）勤政愛民的地方官，死後變成土地公

最早的記載是在《陳留風俗傳》中提到：「東昏縣者衛地，故陽武之戶牖鄉也，漢相陳平家焉。少為社下宰，令民祀其社。」陳留擔任宰相協助高祖平定天下有功，被封為社神，在他的家鄉祭祀。

在臺灣，是在《福德正神金經》中所記載，在周朝有位姓張名福德的人，有幸成為周朝的統稅官，在任期間勤政愛民，體恤民間貧苦，做了很多善事，

〔註13〕洪麗完（1997），《臺灣中部平埔族：沙轆社與岸裡大社之研究》，臺北縣板橋市：稻鄉出版社，頁398。

〔註14〕鄭志明（1998），《神明的由來・臺灣篇》，嘉義縣大林鎮：南華管理學院，頁71。

福德享年一百零二歲，過世時他留著他喜歡的長鬍鬚，壽終三天後面容都未改變，令人覺得嘖嘖稱奇，接任他的統稅官為人奸惡，霸道橫行，人民苦不堪言，因此有一貧戶感念福德為官公正，為他打造石墳加以膜拜，沒過多久，貧戶竟然五穀豐收，成為富人，大家認為是因為福德正神的保佑，因而立廟以茲報答，後來傳到朝廷，被當時的帝王賜號「土地公」，這也是最被人所知的傳說，因此土地公形象是一個年紀大的老伯，留著長長的白鬍鬚，大概也是參考此文中的張福德形象來製作，除此之外，各地也都有許多不同的傳說，有協助農事，幫助人民收成；也有為民除害，像是：除蛇……等許多不同的傳說，再搭上現今土地公的職責，不難想像土地公的功能，土地公伴隨著一些傳奇故事，讓他如同里長伯一樣，親切、愛民的形象更加鮮明。

（二）慈悲為懷、樂善好施的人，死後變成土地公

諺語中常提到「好人死了，有當做神」，在許多傳說中便提到，地方仕紳在生前做了許多好事，死後變成為土地公供人祭祀，在臺灣也有同樣的故事，在彰化有一個「土地公祖」的傳說，臺灣優格餅乾學院董事長吳睿麒表示，他的曾祖父在日治時期的時候是名珠寶商，以前遇到窮苦人家借錢，事後無力還錢，就會把借據撕掉，可能是因為平常有做好事，所以死後被派到埔心鄉擔任土地公〔註15〕，除了埔心鄉的土地公之外，在臺灣許多地方都有這樣的傳說，例如：在《「阮ê土地公」：埔里土地公信仰研究》文中，便提到在埔里有仕紳黃富、胡阿發……等，因生前作為而修德成神，子孫受到託夢而回來祭拜，傳說流傳在鄰里，在臺灣尚有宜蘭小林土地公、南投中坪福德祠，都流傳著這樣的說法，鼓勵著人們在生前的時候能做好事，死後便能成神〔註16〕。

儘管不是人，已經過世成鬼，但只要慈悲為懷、做好事，一樣也可能成神，在臺灣不只有「水鬼變城隍」，亦有「水鬼變土地公」的故事，相傳人落水過世之後會變成水鬼，在三年內必須讓一個人落水死亡，才能抓交替讓自己轉世投胎，故事中的水鬼分別遇到了十多歲的女孩、孕婦，以及背母親過河的孝子，他都不忍心，而放棄了抓交替的機會，因為他心存善念，被任命為土地公到某地去就任，這是源自於彰化縣的故事，但是在臺中東勢、屏東

〔註15〕劉曉欣（2018.05.03），外派當神70年！「土地公祖」將返回祖家駐駕7天，自由時報。取自：https://news.ltn.com.tw/news/life/breakingnews/2414624。

〔註16〕林怡資（2009），《「阮ê土地公」：埔里土地公信仰研究》，國立暨南國際大學人類學研究所碩士論文。

內埔，也都有類似的故事〔註 17〕，無論是人或鬼，只要誠心向善，皆有可能成神。

（三）為民除害的英雄，死後變成土地公

基隆七堵的土地公廟相傳老農夫與兒子相依為命，有天兒子不幸過世，老農夫非常傷心，在睡夢中，夢到神仙告訴他：「現在出現在你眼前的就是你的兒子」，老農夫醒來後，第一眼看見的是一條小蛇，因此，他認為這條小蛇是兒子的化身，細心照料，沒想到小蛇越長越大，老農夫無法照顧，便把它放至山中，結果蛇卻在後山加害人畜，老農夫認為自己有責任除害，沒想到卻因此犧牲，後來被後人祭祀為土地公，也幫土地公和蛇結下不解之緣〔註 18〕。

關於土地公的成神傳說非常多，但是從各種傳說故事中，我們不難發現「只有心存善念的人，才有機會成神」，也因為土地公曾經為「人」，所以土地公和人們的距離特別親近，而非遙不可及的對象，這些故事更強化了土地公人格化的印象，也降低了神話的色彩。

三、臺灣土地公相關傳說

臺灣的民間傳說中，土地公的故事大多以人為出發點，內容多以幫助人類社會或是人類祈求土地神實現自己的願望為主，因此在描述土地神時便增加了人類的性格與情感，而形成了人格化的土地神，更為貼近人民〔註 19〕，在臺灣有太多關於土地公的故事，也更讓我們能體會到土地公與人的親近，各地關於土地公的相關傳說，大概可以分為以下幾類：

（一）土地婆與土地公

起初，土地公的身邊並沒有土地婆，但是人們感念土地公勞苦功高，卻孤苦一人，因此有些土地公廟的負責人在詢問過土地公之後，迎娶了土地婆，只是在臺灣的傳說中，對於土地婆的印象卻不是很好，據說，在玉皇大帝派土地公下凡的時候，曾問土地公的抱負是什麼，土地公表示他想讓每個人都有錢，快樂的過日子，土地婆在旁邊聽到後，當場駁回，土地婆表示人世間

〔註17〕許嘉茵（2014），〈土地公傳說及其形象研究〉，《東吳中文線上學術論文》，第26期，頁97～116。
〔註18〕王健旺（2003），《臺灣的土地公》，臺北縣新店市：遠足文化，頁17。
〔註19〕曾吉鴻（2010），《臺灣民間文學有關土地公的形象之研究》，玄奘大學宗教學系碩士在職專班碩士論文。

應該要有貧有富，這樣才能各司其職，分工合作，發揮社會功能，土地公聽完後，放棄了自己原本的抱負，世人聞此傳說，認為土地婆是自私自利的人，而不肯供奉他〔註20〕。

（二）嘉慶君與土地公

根據歷史記載，嘉慶君並未來過臺灣，但卻在臺灣留下許多故事，其中也有許多關於嘉慶君與土地公的故事，多提到土地公如何幫嘉慶君化險為夷，嘉慶君因而加封土地公的故事。

雲林斗南鎮的小南天福德祠流傳一則故事，傳說嘉慶君來到臺灣，在行經嘉義時遇到盜匪，危急時刻，突然出現一名老翁，救了嘉慶君一行人，嘉慶君感謝土地公，因此御賜土地公一品宰相帽，除了在小南天福德祠之外，在南投草屯慶安宮、臺南關仔嶺崁頂福安宮也都流傳著一樣的故事〔註21〕。

在嘉義北安宮則是嘉慶君一行人來到諸羅城時，因天色太晚，城門已關，而找不到住宿的地方，正在煩惱時，出現一名老人，指點他們可以住在城外的廟中，後來嘉慶君為了感謝土地公的幫忙，御賜了石香爐和對聯予土地公〔註22〕。

（三）王得祿與土地公

王得祿，臺灣諸羅縣人，清朝臺灣人中從武官位階最大，相傳王得祿窮困潦倒時，經常在臺南市鎮轄境土地公廟住下，某晚土地公顯靈，在夢中鼓勵他投身軍旅，王得祿因此加入軍隊，屢建奇功，獲得皇帝封爵，為了感謝土地公，便向皇上稟明發跡過程，皇帝御賜一品宰相官帽給土地公，而土地公廟頂得以起翹燕尾〔註23〕。

（四）熱心助人的土地公

基隆獅球嶺平安宮土地公，相傳在中法戰爭時，以枴杖掃落法軍，嚇退軍隊，雖然未被賜封，但當地民眾篤信是土地公顯靈。

屏東車城福安宮有土地公協助治病的故事，相傳在林爽文事件時，乾隆皇帝命欽差大臣福康安來臺平亂，在屏東一帶與叛軍對峙，官兵水土不服病

〔註20〕胡婷婷（2007），《臺灣民間土地公信仰之研究》，華梵大學東方人文思想研究所碩士論文。
〔註21〕楊逢元（2012），《福德好神》，臺北市：晴易文坊，頁86、136、144。
〔註22〕楊逢元（2012），《福德好神》，臺北市：晴易文坊，頁126。
〔註23〕王健旺（2003），《臺灣的土地公》，臺北縣新店市：遠足文化，頁19。

倒，福康安向土地公祈求，官兵們的病況才漸漸好轉，事後福康安奏請皇帝賜封土地公。

　　彰化花壇文德宮流傳先人渡海來臺時，帶著家鄉的土地公，途中遇到大浪，情況危急，眾人向土地公祈求平安渡海，後來據說有人看到一名老翁將船桅扶正，使眾人順利渡海〔註24〕，除此之外，文德宮的土地公曾在道光年間，陪著當地子弟曾維楨上京考試，據說曾維楨16歲中舉，準備上京應試，上京前，他的伯父向土地公求來香火，讓他攜帶渡海，途中，北方天氣寒冷，曾維楨飢寒交迫，一名老翁脫衣服讓他穿，他才順利抵達北京考試，成為第十一名進士，面聖時，大殿上除了曾維楨外，還多一名老翁，皇上問：「是誰陪你來考試？」曾維楨表示，他是自己應試，身上只帶了土地公香火，因此皇上認為應是土地公顯聖，便賜予土地公同翰林出身，戴上了烏紗帽，在臺灣的土地公中，極為少見。

　　全臺各地都有許多關於土地公的傳說，上述僅節錄部分較特別的故事，但我們仍可以從中看出土地公作為守護土地的神明，盡心盡力的協助當地居民，乘載著家家戶戶的大小事，也協助來到這塊土地的人，或許就是土地公這樣的特性，讓他成為最多人信仰的神明。

　　隨著爬梳史籍和前輩們的眾多研究，以及在訪談中大家對於土地公的印象，可以發現臺灣土地公信仰仍延續祂在中國大陸時的樣貌，本節中，可以看到人們對於土地公的期許，以及土地公在眾人心中的形象，我們透過「祀社」了解土地公信仰的起源是因為人地關係的連結，祈禱大地賜予豐收帶來財富，透過土地公形象化，我們知道土地公就像我們住家附近的里長伯一樣，照顧鄰里，關心眾人，對大家的願望有求必應，指示我們度過難關，也因為土地公這樣的形象，讓大家願意親近、喜歡親近，土地公的信仰才能在臺灣蓬勃發展。

第二節　臺灣土地公信仰

　　在民間信仰中，不同族群、祖籍、甚至是職業，信仰祭祀的神明會不一樣，但是在土地公的信徒中，我們可以發現，任何族群或是職業的人，都信仰土地公，因為土地公有求必應，他負責的業務包山包海，無論是誰都可以

〔註24〕曾吉鴻（2010），《臺灣民間文學有關土地公的形象之研究》，玄奘大學宗教學系碩士在職專班碩士論文。

到土地公廟拜拜，祈求保佑，甚至是許下願望，如果願望實現，土地公廟還會因此而興盛。

一、臺灣土地公的職責

在臺灣，土地公在神明中的角色相當於各里的里長伯，按現在編制，大概就是政府的基層官員，雖然神格較低，但是他要做的事情卻相當龐雜，從我們生活中常聽到的諺語，便能窺知一二，俗話說「田頭田尾土地公」，一句話道盡土地公最原始的職責，但是如同上述傳說提到，土地公作為有求必應的象徵，他能實現的願望太多，本研究在此作簡單地歸納整理，土地公的職責大多為何。

（一）土地的守護神

第一節提到土地公的由來，是源於對土地的自然崇拜，後來才轉為有形象的人格神，土地公最原始的職責便是守護土地，自古我們依賴土地，以農立國，土地的收成好，人們才有飯吃，因此，有句俗語「田頭田尾土地公」表示土地公無所不在，守護著我們的土地，祈求土地能夠豐收。

桃園有一個關於〈伯公出巡〉的故事，相傳有一對夫妻剛開始學習種田，他們看到大家都在拜土地公，於是他們也到土地公廟祈求土地公保佑，當時他們帶了螃蟹去祭祀，因為土地公和土地婆沒看過這樣東西，就決定保佑他豐收，而那季的收成確實很好，兩夫妻又到土地公廟感謝土地公〔註25〕。

（二）村落的守護神

人們認為土地公是守護地方的代表，一個村莊中，至少會有一座土地公廟，有些地方甚至在村子重要的出入口，都有土地公廟，有句俗諺「庄頭庄尾土地公」或是「街頭街尾土地公」，由土地公為我們守護村庄，讓壞人不敢進來；由土地公為我們把守街頭街尾，讓財富留在熱鬧的街上，無論是在聚落或是在街上，因應著人民的各種請託，土地公成了有求必應的守護神，在豐原烏牛欄庄的百年土地公廟中，有一塊「有求必應」的匾額，土地公展現神蹟，照顧人民的例子太多，他為民除害、有危機時提前示警、幫人民治病、保管財物，舉凡想的到的生活瑣事，都可能是土地公有求必應的範圍，土地公就是守護著大家的守護神。

〔註25〕胡萬川（2005），《楊梅鎮客語故事（一）》，桃園市：桃園縣文化局。

（三）房子的守護神

人民會在家中供奉屬於自家的土地公，《禮記》：「家主中霤而國主社」，古時候將供奉在家中的土地神稱之為「中霤」，可見從前就有在家中奉祀土地神的習慣，希望土地公可以保護家中大大小小平安健康、家宅安寧，因此，有人會特地到廟中請土地公到家中駐點，在臺中的神岡區有一個有趣的故事，曾經有位民眾到土地公廟請土地公回家鎮宅，沒想到，民眾將土地公請回家後就沒再送回來，因此廟中長年都只祭祀土地公的衣服，後來有人發現土地公在某位民眾的家中，便奉勸他應該把土地公請回廟裡，土地公千里迢迢地回到自己家中後，平時打掃寺廟的媽媽們非常辛勤，將土地公廟裡裡外外清掃了一遍，順便也把土地公身上的髒污洗淨，沒想到土地公是泥塑的神像，洗著洗著，土地公就化了，而這間廟又回到沒有土地公神像的狀態，直到近年來有人捐了神像，才讓土地公神像重回廟中〔註26〕。

（四）墳墓的守護神

第一節提到土地公是守護幽冥入口的守護神，人死後都必須過奈何橋前往地府，現行的臺灣喪葬習俗中，會有土地公來牽引亡者前往地府，這樣的做法很符合土地公做為地府入口守護神的說法，在臺灣的墳墓旁也時常可以看到「后土」或是「土地公」的神像守護先人墓地，因此在祭拜時，往往會先祭拜土地公，再拜先人，來表示對土地公的尊敬，也感謝土地公辛苦守護墓地，除此之外，在出殯後，家人可以至住家附近土地公廟，向土地公稟報，家人已過世，也象徵著告訴土地公他所守護的土地上少了一人。

（五）水源及水利設施的守護神

在農業時期，水源是不可或缺的，一旦缺水，收成可能就會不好，但是如果水源氾濫，卻會導致災損，然而，我們不可能全天候守著整條水源，所以人們便將這個神聖的任務委託給土地公，因此，我們也常能聽到「水頭水尾土地公」，讓土地公為我們看守水源的源頭和確保水尾也能有水源。

在陳炎正《葫蘆墩圳開發史》中便提到，水利設施的發展是一個地區發展的關鍵，水圳或埤塘等水利設施對農民甚至是工廠都相當重要，因此派遣土地公看守水利設施亦時有所聞，豐原角潭福德祠即因看守葫蘆墩圳聞名，而被稱為水上土地公，除此之外，豐原有一則關於「人命水」的故事，葫蘆

〔註26〕陳炎正先生口述，訪談者洪岱筠，民國107年11月19日，陳老師宅。

墩圳的萬定汴（今舊朴子口和葫蘆墩本圳交接處）又稱為人命水，據說在清朝時期，葫蘆墩圳的上游有三個水埤，供應上游東堡（豐原）和下游西堡（清水、沙鹿一帶）的居民使用，但是只要每到旱季，東堡的居民就會用草蓆將水埤堵起來，使得西堡的居民沒有水可以用，後來西堡的居民受不了，到上游找東堡的居民理論，犧牲了三條人命，清朝官員因此居中協調，在每年土地公生日（農曆二月初二）起，東堡居民必須讓出十分之三的水給西堡居民使用，因為是用人命換來的，因此又被稱為人命水，也象徵著土地公對於水源守護的重要性，清領時期，豐原的第一座土地公廟「圳寮土地公廟」，開闢水圳的六館業戶，每年除了有「拜圳頭」的祭祀活動之外，也會在每年的中秋節舉辦福德爺祭，感謝土地公的辛勞〔註27〕。

（六）礦業的守護神

早期臺灣人不僅有從事農業，清朝時期在北部就有人從事採硫，即礦業開採，礦產與農產一樣，皆來自土地，且礦業開採比農業更加危險，因此從事礦業的礦工相當信賴土地神，一是希望得到土地公同意，賜予礦產，二是早期礦業技術並不發達，許多人喪生於礦坑下，因而希望土地公能指引方向，保佑開採順利，礦工們會在進入礦坑前祭祀土地公，礦坑口通常也都有土地公廟，可見土地公對於礦業的重要。

（七）工商業的守護神

隨著產業結構的改變，從事農業的人越來越少，但這並不表示信仰土地公的人也越來越少，而是賦予了土地公更多神聖的任務，舉例來說：許多人會到土地公廟中去求錢母，在臺灣著名的土地公廟之一「竹山紫南宮」，便是許多商人會去求錢母的土地公廟，《臺灣省通志》中提到：「土地公亦為商人所崇拜之財神。商家例於每月望朔之翌日，具饌祭祀土地神，曰作迓（或牙），又曰迓福，即迎接福運之意。」有些商家或是工廠，除了在初二、十六至土地公廟祭祀外，也可能在自家供奉土地公，象徵著有土地公照顧，生意興隆，事事平安，除此之外，建築業在動工前，也會有祭拜土地公的儀式，象徵著告訴守護這塊土地的神明，我們要在此動土，總之，各行各業都有祭祀土地公的習慣，因為他是跟人民最貼近的神祇。

〔註27〕陳炎正（2000），《葫蘆墩圳開發史》，臺中縣：臺中縣葫蘆墩文教協會。

二、臺灣土地公的造型

　　土地公的起源最初是源自於對土地的自然崇拜，在土地公人格化之前，大多以石頭、大樹來當作土地公的造型，最常見的是一顆石頭，或是由三顆石頭組成的石棚造型土地公，在《唐書》中記載：「社稷主用石」，因此又稱之為「石主」，但現今多被土地公的金身所取代〔註28〕。在豐原仍有部分土地公廟保留石主的模樣，石主的造型大概可以分成三類：第一種是一顆石頭來代替、第二種是用三顆石頭堆成石棚的模樣、第三種則是用石頭雕刻成土地公神像的樣子，而以上三種在豐原都還能夠見到，如下圖所示：

（A）以石頭代替土地公　　　　　（B）石棚狀的土地公廟

（C）石頭雕刻的土地公

圖2　各種形式的土地公

〔註28〕王健旺（2003），《臺灣的土地公》，臺北縣新店市：遠足文化。

最初，先民們渡海來到臺灣，不可能帶著神像過來，當時無論是閩南或客家人的土地公廟，多以神位牌的方式呈現，只是書寫的方式稍有不同，閩南廟宇中寫的是「福德正神」，而客家廟宇則是「福德正神神位」或「福德正神香位」，直至人民的生活安定後，開始為土地公雕刻神像，土地公廟裡才有人格化的土地公神像，但是土地公的神位牌在許多土地公廟宇內仍予以保留，如下圖所示：

（A）閩南廟宇的福德正神　　　　（B）客家土地公廟可見神位
　　　　　　　　　　　　　　　　　　牌上寫著「福德正神香位」

圖3　閩客土地公神位牌

由於土地公的起源故事多將他塑造成一位慈祥和藹的老人，因此大部分的土地公神像都是以這樣的模板來製作，在神格上，土地公則是屬於最基層的神明，上有城隍爺、東嶽大帝、玉皇大帝，土地公的裝扮不能越過他們，最初土地公以帶著員外帽、樸素裝扮的老者形象現身，然而，有些土地公卻並非如此，在早先傳統神像雕刻裡，神像的服飾（包括帽子、珠冠、衣服、褲子或裙子、鞋子）以及椅子都是一起由雕刻師傅雕刻而成〔註29〕，但是由於臺灣經濟起飛時期，賭博風氣興起，信徒為了感謝神明，替神像批衣帶冠〔註30〕，本文僅針對對土地公有特殊意義之造型特別提出來說明，其餘造型將簡述說明，關於土地公造型的研究通常會從土地公神尊的冠帽、服裝、鞋履、附屬物……等分別進行說明。

〔註29〕劉文三（1980），《臺灣宗教藝術》，臺北：雄獅圖書股份有限公司。
〔註30〕邵于婷（2007），《南臺灣土地公神像帽冠造形研究》，南華大學應用藝術與設計學系碩士班碩士論文。

（一）土地公的冠帽

　　臺灣土地公的裝扮多半都會頭戴冠帽，但是冠帽的造型卻大不相同，土地公的冠帽大概可以分為以下幾種：員外帽、職帽、布帽、烏紗帽、宰相帽，造型如圖4所示，一般而言，土地公因為神格較低，僅著樸素的員外帽、職帽或是布帽，除非當地居民有特殊表現，土地公才能加封，頭戴烏紗帽或宰相帽，進而神格提高，例如：花壇文德宮的土地公因陪伴上京考試有功，皇上賜予烏紗帽；或是雲林小南天福德的土地公因嘉慶君來臺時，救駕有功，御賜土地公一品宰相帽，但由於現代人民在經濟許可之後，偏好讓土地公戴上較華麗的宰相帽，因此現在在臺灣的土地公廟中，無論大小，土地公都可能頭戴宰相帽〔註31〕。

（A)頭戴員外帽的土地公　（B）頭戴職帽的土地公　（C）頭戴布帽的土地公

（D）頭戴烏紗帽的土地公　　　　（E）頭戴宰相帽的土地公

圖4　各種帽冠的土地公神像

〔註31〕王健旺（2003），《臺灣的土地公》，臺北縣新店市：遠足文化。

（二）土地公的服裝鞋履

土地公的服裝通常與神像一起雕刻完成，再給予不同的色彩來表示，衣服也不會是官服，而是一般服裝，上面會有象徵吉祥的花紋，像是：鳥鶴紋、壽字紋……等，但現今許多土地公除了原本神像雕刻的衣服之外，還會披上外袍，花紋也是以吉祥的鳥鶴紋或壽字紋為主，畢竟土地公的神格不高，在服裝的表現上我們也可以看出，土地公較少使用皇帝才會使用的龍紋，除非有特殊的事蹟加封，例如：花壇文德宮的土地公即為頭戴烏紗帽、身披龍袍。

（三）土地公的附屬物

土地公的附屬物通常是拐杖，因為土地公的老者形象，再加上他最初的職能是土地之神，需要一根枴杖輔助他巡視田地，然而，隨著土地公職能的改變，土地公的附屬物已不僅只有拐杖，可能還會有元寶、如意……等，也象徵土地公職能的改變，從原本的土地神轉變為財神，甚至是有求必應的神祇，也因此才會拿如意表示事事如意。

無論土地公的造型為何，都是人們賦予土地公的想像，我們信仰的是心中的神明，神對於許多人來說遙不可及，卻事事都希望神明的幫忙，如果每件事情求神拜佛就能解決，那天下就無難事，然而不可能凡事盡如人意，若生活中的各項瑣事都要勞煩媽祖、煩玉帝，或許會因為事務繁忙而耽擱，也因此透過土地公的形象幻化，讓他成為像里長伯的角色，解決我們生活中大大小小的瑣事，隨著時間的轉變，我們對於土地公的想像也有所不同，從原本的土地神到後來的有求必應，在土地公的造型上都有所轉變，甚至隨著人們的期待而變得華麗，也期許土地公能給予更多的幫助，護佑住在這塊土地上的人民平安、順遂。

三、臺灣土地公的祭儀與風俗

臺灣自古以農立國，土地公貴為土地之神，關於土地的祭祀，通常和農業的進程有很大的關係，農業民族隨著節氣的運行與農事的進展，逐漸發展出一套固定的歲時祭儀，即所謂的年節。臺灣人素來崇祀天地神鬼，民間信仰中各種神明的生日，常常與年節配合〔註32〕。農閒之時，才有時間準備豐盛的祭祀供品，而各種神明生日時，也是長輩們最忙碌的時刻，以農曆新年為盛，每天總有不同的祭祀活動，除了感謝神明，也祈求來年的照顧。

〔註32〕林美容（1993），《臺灣人的社會與信仰》，臺北：自立晚報出版社，頁 158。

（一）春祈秋報

古代皇帝祭天，自古春祭在立春之時，由皇帝向上天祈求今年豐收，秋祭在立秋之時，感謝上天今年的照顧，《彰化縣志》中提到：「二月初二日，農家皆祀福神，蓋倣古春祈之意，商賈亦然。」及「八月十五日中秋節……村莊皆演戲以祀土神，做秋報也。」古時農業社會隨著農事發展出一套歲時祭儀，其中於農事交替之時舉行春祈秋報兩大節日來感謝福神、土神，但是隨著時間更迭，人們早已忘記最初祭祀的緣由，而以土地公的生日來作為記憶。

一般認為，土地公的生日是在農曆二月初二，亦有一說是在八月十五日，在民間有兩種說法，第一種民間傳說中提到：「土地公姓張名福德，生於周武王二年二月二日」，第二種則是福德正神真經中則寫到：「八月十五日是句龍的壽誕，二月二日則是句龍加昇為土地公的日子」，無論是何種說法，此二日皆與農業社會祈求豐收有關，與最初祭祀土地神的緣由不謀而合，無論土地公確切的生日為何，無疑的是此二日皆為祭祀土地公相當重要的日子，《臺灣縣志》中提到「二月二日，家家具牲禮為土地慶壽，里社之間鳩金演戲，張燈結綵，無處不然。」由此可見當時的熱鬧程度。

（二）作牙

臺灣民間有作牙的習俗，《臺灣省通志》中記載：「土地公亦為商人所崇拜之財神，商家例於每月望朔之翌日，具饌祭祀土地神，約作迓，又約迓福，及迎接福運之意」，望朔之翌日就是每月的初二及十六日，商人會準備供品祭祀土地公，以期生意興隆，另《臺灣省通志》中又寫道：「二月二日之迓禮，曰頭迓；十二月十六日之迓禮，曰尾迓。」商人不一定每月初二和十六日都會至廟中祭祀土地公，但他們特別重視頭牙和尾牙的祭祀，每年的第一次，祈求今年度的豐收，而每年的最後一次，則感謝土地公今年的保佑。

在頭牙的那一天，有些地方有吃春餅的習俗，表示春天來到，祈求一年平安順利，根據《臺北市歲時紀》中紀錄：「商號例於此日備辦酒餚，宴請同仁，謂之做頭牙，若未被邀請，便表示已不續用。居民則精製糯餅，亦稱潤餅享客。糯餅係糯米研粉，勻成皮狀，裹以豆芽菜、紅蘿蔔、筍絲、蒜頭、虎苔等，亦有用乾絲、肉絲、花生粉末者，味極可口。」

而尾牙的那一天，除了祭祀土地公，感謝他的保佑之外，各商號也會有尾牙宴席，老闆宴請員工，感謝他一年的辛勞，在現今的工商業中，亦相當

興盛，尾牙當天的主餐一定是全雞，雞頭向誰就表示它被解雇了，因此有「食頭牙撚嘴鬚，食尾牙面憂憂」的說法，總之，作牙是一種對土地公的祭祀，隨時提醒土地公保佑我們財源滾滾。

（三）安土地公拐（土地公金）

在土地公的造型中提到土地公的老者形象，以及他的附屬物通常是一根拐杖，在《臺灣省通志》中提到：「於二月初二日，以紙錢繫竹枝，插立田間，奉獻土地神；中秋日亦如之，蓋古春祈秋報之遺意也。」由於土地公年事已高，安土地公拐一方面是方便土地公巡視田地，紙錢則是答謝土地公的謝禮，一方面也告訴各方神靈，此田有人看管，不要隨便越界，而有土地公看管的土地，農作物也會平安長大，順利豐收，而得罪了土地公就可能「飼無雞」，鬧得雞犬不寧。

（四）土地公戲

《諸羅縣志》中提到：「中秋祀當境土神，與二月二日同；倣秋報也。四境歌吹相聞，謂之社戲」，相傳土地公喜歡看戲，因此每到二月初二日或是八月十五日的時候，許多信徒為了答謝土地公的照顧，會捐獻金錢請戲班來表演，可能是布袋戲、歌仔戲……等，並不局限於何種戲曲，有時也可能是向地方居民收「丁錢」，依每戶人家的壯丁數收錢，然後將這些錢拿來作戲答謝土地公。

（五）吃福

在每年祭祀過後，會將供品分送給村民，稱之為「吃福」，即把土地公的福氣分給大家的意思，每個地方吃福的時間不太一樣，次數也不同，通常伴隨著吃福這個大家聚在一起的時間，信徒會選出下一任的爐主，來協助土地公一整年的大小事務；有些地方還會舉辦乞龜的活動，每人擲筊徵得土地公同意，就可以帶一個麵龜回家和家人一起食用，保佑一家大小平安。

中國福建省、廣東省一帶，因丘陵地形阻隔且水系呈現格子狀，導致山多平原少，耕作不易，許多漢人因此離開家鄉謀生，有一部份的漢人來到臺灣，剛來到一塊新土地，對於土地的不熟悉，以致不安蔓延，加深了這群以耕作維生的人對土地神的信仰，雖然土地公的信仰是從中國隨著漢人移民來到臺灣，但是在這兩百多年的演進與民族交流的過程中，臺灣已產生屬於自己的土地公信仰，我們能發現，從前土地公信仰沒有神像，只有神位，但是

在臺灣人經濟狀況提升後，也不忘感謝土地神的庇佑，幫祂建大廟、塑金身、穿神襖……等，因為希望土地公保佑人民賺錢，還有了擲錢母的習俗，隨著從事第三級產業的人數增加，土地公變成財神的象徵，有些人會到土地公廟向土地公借錢，這些錢又稱錢母或是發財金，希望可以當成賺錢的本金，讓未來一年可以賺錢發大財，也因此得到錢母的人，隔年必須回到廟中還願，否則就像是向土地公借錢不還，這些都是具有臺灣特色的土地公信仰，歷史的軌跡在土地公信仰中留下了痕跡，不只是習俗，在土地公的造型、建築，也都有和古時不同的改變，而有了濃厚的臺灣味。

第三節　豐原的發展歷史與脈絡

　　豐原，一個坐落於臺中市的山城，原臺中縣政府的所在地，也是臺中縣最為繁華的地方，自開發近三百年來，豐原孕育了豐富的文化及歷史，舉凡漢人所到之處，必有廟宇，前述的文獻探討中，我們可以知道土地公廟和地區的開發有極大的關聯，土地公廟作為農民最重要的信仰，散落在豐原各地的土地公廟也相當多，而且各具特色，是什麼原因造成豐原有如此多樣的土地公廟文化？豐原的土地公信仰是否也與聚落開發有所關聯？

　　首先，要了解豐原的發展歷史及豐原地名的由來，原本生長在這塊土地上的人是誰？後來又有誰來到這個地方？透過了解豐原的歷史發展，梳理豐原的發展脈絡，豐原如何從一片荒野，發展成日治時期全臺排名靠前的街市，誕生了許多名人，以及聞名世界的糕餅。

一、豐原的歷史發展

　　豐原，舊名「葫蘆墩」（Huluton），是平埔族巴宰族（Pazeh）的所在地，關於地名的說法有兩種，第一種是葫蘆墩為平埔族語「松柏林茂盛」的意思，相傳在漢人進入豐原開墾之前，這裡有茂盛的松柏林，因此平埔族語叫「泰耶爾墩」，漢人譯成「葫蘆墩」；第二種說法則是來自於吳子光的「一肚皮集」中提到：「葫蘆墩，地鄰東勢，非山、非邨、亦山、亦邨，固揀東上游。大聚落也，墩高數丈許，形頗似倒葫蘆，故名。」由於豐原位於大甲溪的沖積扇，大甲溪流經時，泥沙淤積，在豐原境內留下許多土墩，其中有三個土墩分別被稱為「墩頭」、「墩身」、「墩腳」，葫蘆墩因此而得名，除了墩頭因開闢道路而剷平，其餘墩身及墩腳皆還健在，矗立於豐原區的一隅。

　　在漢人進入豐原地區開墾之前，平埔族巴宰族世居於此，由於巴宰族並無自己的文字，缺乏文字記載，因此巴宰族到底從何而來？並不得而知，但是自十八世紀以來，巴宰族各分支已活躍於臺灣中部〔註33〕，尤其以岸裡大社為甚，岸裡社原為巴宰族的其中一支，清代以來，岸裡社協助清朝平定吞霄社之役，獲得清朝政府封賞，由吞霄社事件開啟岸裡社與清朝的軍事合作，隨後幾場戰役也多有岸裡社的協助，岸裡社因而擁有臺中大片土地，成為中部的大地主，聲勢漸長，而後岸裡社管轄了巴宰族的其他幾個支社，像是阿里史社、烏牛欄社、樸仔離社……等，而被稱之為岸裡大社，這些社大多分布於今豐原、神岡一帶（分布狀況如圖5），也是這些地區的開發先驅，岸裡社自擁有土地開始，廣招漢人佃農，靠收取田租為主要的經濟來源〔註34〕。

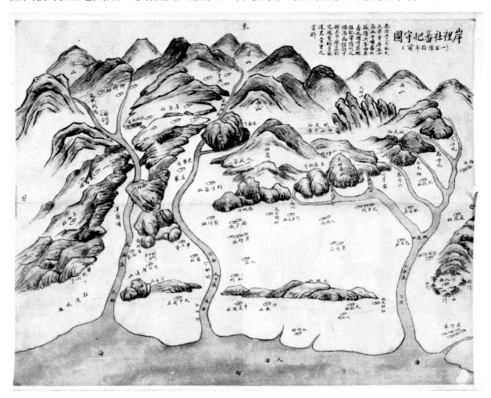

圖5　岸裡社番把守圖

〔註33〕徐大智（2004），《戰後臺灣平埔研究與族群文化復振運動：以噶瑪蘭族、巴宰族、西拉雅族為中心》，國立中央大學歷史研究所碩士論文。

〔註34〕徐大智（2004），《戰後臺灣平埔研究與族群文化復振運動：以噶瑪蘭族、巴宰族、西拉雅族為中心》，國立中央大學歷史研究所碩士論文。

二、清領時期的葫蘆墩圳開發史

　　康熙年間，廣東人張達京輾轉來到岸裡社，適逢瘟疫流行，張達京施藥救人無數，當時岸裡社的土官為感謝張達京，而將女兒許配給他，因此張達京又被稱為番仔駙馬〔註35〕，張達京取得岸裡社人的信任後，在1715年至1758年間擔任第一任岸裡社通事，長達43年之久，除了協助漢番對話外，也將漢人文化帶入岸裡社，教化耕作〔註36〕。

　　臺灣自古以農業立國，岸裡社人得到土地後，一開始僅是砍除樹林，種植番薯及稻米，由於開墾需要大量水源，岸裡社經費不足，自1725年始，與張達京及六館業戶合作，開闢貓霧捒圳（今葫蘆墩圳），而岸裡社人割讓部分土地給予漢人作為報酬，史稱「割地換水」，葫蘆墩圳的開闢灌溉了臺中市超過一萬甲的土地〔註37〕，帶動豐原地區的發展，也被稱作是豐原的母親河。

　　張達京自開闢葫蘆墩圳始，招募許多漢人進入豐原地區，一開始這些工人為了開闢水圳駐紮工寮，後定居於此，豐原的開發從圳寮開始，沿著葫蘆墩圳往四面八方擴散，越來越多漢人進入豐原地區，原來的巴宰族生活空間受到壓迫，逐漸向外遷徙，於清道光年間，巴宰族大規模遷往埔里，至今留在豐原地區的巴宰族已相當稀少，且多數漢化。

　　藉由水利的快速發展及地利之便，豐原在區域發展上有了絕佳的條件，葫蘆墩地方原本稱之為「岸裡新庄」，為農產（米、糖）、山產（木材、樟腦）集散中心，擔負著商品交換的功能，逐漸發展為具有商業機能的葫蘆墩街〔註38〕，於《臺灣府志（余志）》記載「貓霧捒堡內有新庄小市」，由此我們可知豐原的街市——葫蘆墩街至少出現於1764年前（約清乾隆年間）〔註39〕，漢人進入豐原地區後，對豐原大肆開墾，將原本的樹林荒地變成了熱鬧的街市，光緒年間，巡撫劉銘傳來到豐原，對於豐原的物產豐富感到驚訝，又將豐原命名為「富春鄉」，且因葫蘆墩圳縱橫交錯在豐原這塊土地上，似蘇州

〔註35〕徐大智（2004），《戰後臺灣平埔研究與族群文化復振運動：以噶瑪蘭族、巴宰族、西拉雅族為中心》，國立中央大學歷史研究所碩士論文。

〔註36〕陳炎正（1986），《豐原市志》，臺中縣：豐原市公所。

〔註37〕據昭和十二年（1937年）繪製的臺中州管內水利組合灌溉區域圖中顯示，豐榮水利組合共灌溉17118甲土地。

〔註38〕陳尚美（2010），《豐原地區祭祀圈研究》，國立臺中教育大學社會科教育學系碩士班碩士論文。

〔註39〕賴志彰（1997），《臺中縣街市發展：豐原、大甲、內埔、大里》，臺中縣：臺中縣立文化中心。

的水鄉澤國，因此豐原又稱為「小蘇州」，於光緒 12 年（1886）巡撫劉銘傳
奏請皇帝於葫蘆墩街設立葫蘆墩巡檢司（位於現今中正路市前街口〔註40〕），
清朝巡檢司相當於現今的警察局，負責維護當地治安，因此我們可以得知當
時的葫蘆墩街已具有一定規模，且因為巡檢司的設立，將葫蘆墩街推向繁榮，
或許當時的豐原比不上有名的一府二鹿，但卻也是中部地區熱鬧非凡的地
方。

三、日治時期的發展

　　日治時期，豐原鐵路建設完成，由於日本政府對於木材的需求，使豐原
成為木材的轉運站，甚至是各類蔬果的集散地，據耆老蘇先生所提，在小時
候，中部山區所出產的蔬果都是運到豐原，各飯店、酒家派員當場在豐原火
車站競價，豐原所出產的葫蘆墩米更是受到日本天皇喜愛的御用米，由此可
見豐原街的熱鬧程度，有鑑於豐原地區的迅速發展，日本政府於 1920 年進行
行政改制，原本稱作葫蘆墩，正式改名為「豐原」，取名意義為「豐葦之原，
瑞穗之國」，代表著豐原地區的物產豐饒，隸屬於豐原郡，並分別在 1919 年
及 1935 年進行了兩次的市街改正，使豐原的街道更有規劃，據日本地理學家
富田芳郎教授在 1941 年做的調查，豐原的街市截至 1931 年止，店鋪商家共
有 364 家〔註41〕，其中最熱鬧的街道位於橫街（今富春街），當時的豐原形成
了十庄繞一街的景象，一街即為豐原街，十庄分別為：大湳庄、朴仔口庄、
翁仔社庄、上南坑庄、下南坑庄、鎌仔坑口、烏牛欄庄、車路墘庄、社皮庄、
圳寮庄，十庄的居民若要買東西，多會到豐原街上購買，豐原成了北臺中最
重要的商業市集。

　　由於葫蘆墩圳的開鑿，為豐原帶來便利的水源，他不只是鄰近地區的商
品集散地，也是工業極為發達的地區，水源產生動力，結合山區的伐木業，
使得製材廠、傢具廠、製紙廠……等遍布豐原，奠定了豐原工業發展的基礎，
葫蘆墩圳不只在農業發展時發揮作用，在日治時期也帶來了工業上的便利，
當時的豐原有一句琅琅上口的順口溜：「水清、米白、餅香、柴乾、查某水」，
道盡豐原的特產，可見當時豐原的繁華。

〔註40〕陳炎正先生口述，訪談者洪岱鈞，民國 107 年 11 月 18 日，大街尾福德祠前。
〔註41〕賴志彰（1997），《臺中縣街市發展：豐原、大甲、內埔、大里》，臺中縣：臺
　　　　中縣立文化中心。

四、現代豐原

　　1945 年臺灣光復之後，豐原從原本的豐原郡豐原街改制為臺中縣豐原鎮，1950 年行政區域調整，臺中縣政府移至豐原鎮，並於 1976 年豐原升格為縣轄市，同年出版的《中華民國臺灣省統計提要：1946 年～1967 年》提到臺中縣的二三級產業人口，已大於一級產業，豐原的產業結構產生轉變，逐漸工商業化，集行政、工業、商業的優勢於一身，讓豐原成為臺中縣的地方中心，除了原有的橫街之外，市中心在都市計畫下，不斷的向外擴張，可說是臺中縣最為熱鬧的區域，直到 2010 年縣市合併後，豐原改隸屬於臺中市豐原區。

第四節　豐原土地公信仰概述

　　本節將探討豐原聚落與土地公信仰的關係，從土地公信仰看豐原聚落開發的順序，或許都和豐原的一條水圳脫不了關係，而大家都稱他為豐原的母親河，依傍著葫蘆墩圳，散落著許多的土地公廟，這些土地公廟是否見證了豐原的興衰？然而隨著時間的轉變，豐原的土地公信仰是否也融合了在地特色？

一、豐原的聚落發展與土地公信仰

　　有人的地方，就有信仰，人民帶著不安渡海來到臺灣，信仰是他們的心靈支柱，只要地方有人活動，便有廟宇，尤其以土地公信仰最為顯著，在文獻探討中的多篇論文都證實土地公廟的年代和分布與聚落的發展有關，豐原早期為平埔族的聚居地，並無土地公廟，直到張達京帶領漢人進入豐原開發，最早是以岸裡大社為根據地，涉足豐原是為了興建葫蘆墩圳，因此，豐原最早開發的地方即為蓋葫蘆墩圳時，工人所居住的工寮，也就是現今的「圳寮」，而圳寮土地公為豐原最早的土地公廟，只可惜因為後續的開發，土地公廟已遷離原址。

　　隨著葫蘆墩圳的開發，早在雍正初年，張達京與潘敦仔以割地換水的方式開闢下埤系統，從朴子口引進大甲溪水，八分歸張達京，二分歸平埔族，下埤系統從大甲溪引水進入豐原，流至岸裡大社，此條路線為豐原地區漢人最早進入開發的區域，雍正十一年，張達京與其他五人組成六館業戶，共同出資建造上埤系統，上埤系統進入今天的豐原市區，流經潭子、北屯等地，灌溉面積大幅增加，豐原地區的開發也如火如荼地進行中，由《岸裡大社文

書》顯示，漢佃拓墾番社地的年代順序分別為：圳寮庄、社皮庄、葫蘆墩庄、翁仔社、烏牛欄、樸仔口、南坑口、車路唇、大湳〔註42〕，從最早開發的圳寮庄開始，這些村莊中不乏百年以上之土地公廟，有些土地公廟就蓋在水圳邊，而更多的土地公廟是守護田地的土地公，在山邊則還有山神土地公。

　　由於豐原的開發歷史極早，造就豐原的土地公也相當多，沿著水圳的開闢，使得漢人進入墾殖，建立村莊，土地公廟可說是因為水圳讓漢人進入而建立，但是在幾經都市計畫的變革下，許多土地公已遷離原本的位置，因此是否是為了看守水源而建，若無記載留下，便不得而知，但是在豐原有許多知名土地公廟，因為看守水源而聞名，水頭水尾土地公，通常在溪流的轉彎處，時常能看到土地公的存在，因為土地公若未盡職責看守水源，當水患來臨時，土地公可能會因公殉職；在清末就已經發展的葫蘆墩街，在街頭街尾也有土地公為生意人把守財源，使街道的人絡繹不絕，生意人財源滾滾，在橫街的橫街尾福德祠，以及墩腳的大街尾福德祠應該都有這樣的功用；雖然豐原開發極早，但仍在街庄外，保有山林及稻田，離開街庄，進入村莊後，例如：東湳里、朴子里……這些較為遠離市區的里，仍有著綠油油的稻田，田邊設立有許多的土地公，為田頭田尾土地公，各地地主都可能祭祀護佑自己田地的土地公，後來因人民的經濟狀況提升，或是土地公靈驗，便會為土地公建祠，而成為附近鄉居一起共同祭祀的土地公廟，因此，在這些較多人從事農業的里中，土地公廟的數量也較多；除此之外，豐原號稱山城，亦不是浪得虛名，在東邊有許多山林腹地，許多農民種植果樹，為守護果樹豐收，並保佑自己入山平安，多數居民祭祀山神土地公，由於一個人擁有的山林面積又比稻田的面積更為廣大，鄰居間距離遙遠，因此家家戶戶大多祭祀屬於自己的土地公，隱身在果園各個角落的石棚式山神土地公，數量龐大，但無論是何種土地公，都是期望土地的主人能護佑我們，讓我們在這塊土地上平安生活，並且作物豐收。

二、豐原土地公信仰的分布範圍

　　據臺中市宗教禮俗科統計，豐原土地公廟共 63 座，但本研究調查，豐原的土地公廟並不只如此，有許多土地公廟因為地權問題，至今仍無法於政府

〔註42〕施添福（1995），〈清代臺灣岸裡地域的族群轉換〉，載於潘英海、詹素娟（主編），《平埔研究論文集》，臺北市：中央研究院臺灣史研究所籌備處，頁 301～332。

機關登記，其中不乏許多年代久遠的廟宇，自漢人進入豐原地區開發以來，凡走過必留下土地公廟，因此豐原的土地公廟相當密集，在文獻探討中提到在林美容、張二文、林怡資……等人的研究中都顯示一個聚落通常都會有一座土地公廟，當然可能因為特殊原因，使得那個地區沒有土地公廟，或不只一座土地公廟，在目前豐原區 36 里中，包含了以上兩種情形，本研究將各個里的土地公廟數量整理於下面表格：

表1　豐原區各里土地公廟統計

編號	里別	福德祠數量	編號	里別	福德祠數量	編號	里別	福德祠數量
1	三村里	3	13	西安里	1	25	翁明里	6
2	下街里	0	14	西湳里	16	26	翁社里	3
3	大湳里	3	15	西勢里	1	27	頂街里	1
4	中山里	1	16	東湳里	17	28	富春里	1
5	中陽里	1	17	東陽里	14 以上〔註43〕	29	陽明里	2
6	中興里	1	18	東勢里	1	30	葫蘆里	1
7	北湳里	4	19	社皮里	1	31	豐田里	9
8	北陽里	11	20	南田里	4	32	豐圳里	1
9	民生里	0	21	南村里	3	33	豐西里	1
10	田心里	1	22	南陽里	5	34	豐原里	0
11	圳寮里	1	23	南嵩里	11	35	豐榮里	1
12	朴子里	22	24	翁子里	6	36	鎌村里	6

資料來源：本研究田野調查資料整理。

　　本研究田野調查的過程中，探詢到土地公廟的數量約 160 座，比政府所登記的數量多更多，其中多以地權問題劃分不清，或是廟址位於私人土地上，而未做官方登記，由統計中可以將豐原的土地公廟可分成兩部分來看，第一部分為市區，即日治時期葫蘆墩街的 12 里中，面積雖然較小，但是由於人口集中，而得以自成一里，里和里之間距離較接近，雖然有土地公廟，但是不一定每一里都有，有可能兩里共祀一座土地公廟，例如：民生里、葫蘆里、

〔註43〕因東陽里有許多設立於私人果園之山神土地公，據東陽里休閒產業發展協會調查，至少有 40 座以上，本研究並未將私人土地公列入研究範圍，故本表採計山神土地公為 1 座以上。

富春里的居民共同祭祀富春里的橫街尾福德祠、頂街里與豐原里共同祭祀豐原里頂街里福德祠、或是豐榮里與下街里共同祭祀豐榮里的雙福祠；第二部分則是市區以外的地區，例如：朴子里、東湳里、西湳里居民多為農民；南嵩里、東陽里居民多為果農，對於土地公的祭祀更為重視，也因為鄰居間距離較為遙遠，所以土地公廟的數量較市區來的多。

三、豐原土地公廟重要祭典

在豐原土地公的祭祀中，古時會由附近居民擔任輪值的首事，每天到土地公廟清掃、上香、敬酒，部分廟宇仍保有輪值時用的木牌，除此之外，土地公廟以三個日子最為重要，分別為：二月初二日頭牙、八月十五日中秋以及十二月十六日尾牙。

（一）二月初二日頭牙

雖然土地公的生日日期略有爭議，但是在豐原，一般認為二月初二日為土地公的生日，也稱之為頭牙，象徵著一年的第一次祈求豐收，較有規模的廟宇會在這天進行盛大的祭祀儀式，誦經、作戲、吃福都會在這天舉行，祈求土地公保佑鄰里未來一年的平安，並發送象徵平安的麵線、麵龜……等，讓大家帶回，而較小規模的廟宇則由附近居民自行前往祭祀，無論如何，在土地公誕辰這天，帶著供品親自到廟宇恭賀土地公是非常重要的，這天可說是土地公廟相當熱鬧的一天。

（二）八月十五日中秋

八月十五日為古時候秋祭的日子，在這天各廟宇也會舉行盛大的儀式慶祝，運作模式和二月初二日相似，有規模的廟宇會有誦經和作戲，附近居民都會到土地公廟祭祀，較不同的地方在於大部分的土地公廟這天不會有吃福的活動，但是部分吃福次數較多的土地公廟，這天仍然保有吃福的習慣，在豐原最特別的就屬東湳里的土地公遶境活動，雖然是因為 102 年農村再生計畫而起，並非世代相傳，但是里長卻也成功的讓里民一起為這場活動而努力，這天，所有的土地公會集中到東湳里活動中心，以活動中心對面的樹林福德祠為出發點，帶著轎班、陣頭，遶境東湳里所有土地公廟，一方面除了慶賀土地公之外，更重要的是串起了當地居民的向心力，連續辦了五屆之後，到中秋節前，居民們總會開始期待這一年一度的盛會，甚至透露出對此慶典的

自豪感；除了東湳里外，在許多土地公廟也會有特別的活動，例如：翁子里的百年福德祠在每年中秋節時，會舉辦乞龜的活動，民眾可以排隊擲筊，若得到土地公允許，便能帶一個平安龜回去，分給家人吃，保佑全家大小平安，只是乞龜就像是向神明許願，今年拿一個，來年必須要還願，讓乞龜的活動得以綿延不絕的延續下去；或是東陽里的土地公團拜，由於東陽里地處山區，土地公廟的間隔距離較遠，因此，在每年中秋節，便會將東陽里中，被認為是「公家」土地公廟的土地公請到活動中心去讓民眾參拜，除此之外，還會作戲讓土地公們一同欣賞。

（三）十二月十六日尾牙

尾牙象徵著一年工作的結束，除了各公司行號的尾牙活動外，有些廟宇會選在尾牙「謝平安」，感謝土地公一年的保佑，以豐原地區來說，謝平安的日子大部分都選在尾牙，但也有些廟宇不同，例如：豐田里的坑口福神祠選在冬至，也有些廟宇像是東陽里則選在農曆十月十五日進行土地公團拜，與三界公一起謝平安，總之，尾牙這天是為了感謝土地公一年的幫助，有安平安燈的廟宇，也會在此日卸下，象徵一年的結束，等來年祈平安時，再將平安燈安上，而春節期間，就讓土地公好好休息！

四、豐原土地公廟風俗習慣

豐原土地公廟的風俗習慣與臺灣其他地區的土地公廟相比，並無特別的差異，該有的祭儀、誦經、作戲、吃福……等皆有，但是經過研究者走訪，認為豐原的土地公廟風俗，還是有些較特殊的地方，以下列舉四點：

（一）吃福會的次數

吃福會的由來是以前祭祀完後，將供品分食給鄰里，保來年平安，因此，吃福會的次數，應與祭典的次數相同，從前農業社會時，大家的生活水平不好，吃福會就成了大家期待的可以吃好東西的日子，隨著時間的演變，大家的生活水準提高，吃福會不再是分食供品，更被當作是一個鄰里居民聚餐的日子，因此，現代的吃福會社交功能大於宗教功能，不再侷限於次數，據樹林福德祠廟公的說法，有吃月福、吃季福……等，而豐原東湳里的樹林福德祠一年要吃十二次，他們認為這是一個讓大家團聚的日子，透過吃福會聚集大家，讓參與者有共同目標，關心旁人近況，吃福會可以更加聯繫鄰里的感

情，但是市區的福德祠一年可能都只有兩次左右，對市區的福德祠而言，更多人從事商業活動，從白天工作到晚上，每個人都汲汲營營忙碌於自己的生活，更大的原因是沒有時間參與吃福會的活動，因此次數也較少。

（二）乞平安

乞平安是民眾向土地公許願，並擲筊經神明同意，才能將象徵平安的物品帶回家分食，來年需要奉還，在翁子的百年福德祠，是用紅龜粿來乞平安，據翁子里里長說法，每年中秋節，都有大排長龍的人群，等候擲筊，希望可以得到象徵平安的紅龜粿，一般而言，乞龜多用麵龜、紅龜粿……等，象徵長壽的龜來作為乞平安的媒介，但是在豐原六合福德宮中，則長年都放著平安米，供信眾乞平安，較特別的是坑口福神祠在元宵節當天會擲柑，也是乞平安的一種，只是象徵物不是麵龜、而是橘子，象徵著大吉大利，無論媒介為何，最終的目的都是希望可以讓吃到的人來年平安順利。

（三）發財金

土地公原本的功能並不包含發財，而是祈求穀物的豐收，只是隨著產業結構的改變，因應商業化的結果，產生了發財的功能，甚至是因為在民國 70 年代左右，因臺灣流行大家樂，民眾喜歡找神明報明牌，而加諸在土地公身上的功能，然而借發財金並不是每一座土地公廟都有，通常越接近商業區，或是有特殊傳說，相當靈驗的土地公廟才有，以豐原地區來說，最特別的土地公廟應屬豐原六合福德祠，六合福德祠原本位於永豐餘紙廠內，由於土地公相當靈驗，曾在信徒擲筊時，出現立筊，而聲名大噪，因此香火鼎盛，許多信徒遠道而來，原本只是工廠內的小祠，後來遷址興建大廟，廟中可擲發財金或是借錢母，香客絡繹不絕，但是據本研究調查，近年來由於大家對於求財的渴求，因此在許多土地公廟中，也開始有求發財金的活動，但是內容與乞平安的平安龜寓意有異曲同工之妙，並不是這間土地公廟特別靈驗，只是希望求得來年生意能賺錢。

（四）土地公遶境

一般土地公廟鮮少會有遶境活動，一方面是因為土地公的職責就是守護地方，應該每天都在巡視，二是領域較小無須遶境，三是土地公廟的管理組織較小，無法撐起一次遶境所需的陣頭，因此，我們鮮少會聽到土地公遶境，

多為其他神明遶境時，能看見土地公在遶境隊伍中協助，但不會單獨遶境，當然放眼全臺，仍有例外，例如：內湖的夜弄土地公，雖然沒有內湖盛大，但是在豐原，也有土地公遶境。

　　翁社里共有三間土地公廟，每年元宵節時，便會將三尊土地公集合起來一起遶境，據當地居民說法〔註 44〕，此活動已延續百餘年的歷史，除了巡視鄰里外，對里民而言，更重要的是社交的功能，因為這是一年一度團圓的日子，在翁社里，居民不一定會在農曆春節返家，但是在元宵節一定要回家，因為每個人都要為土地公遶境付出，有人扛轎、有人負責陣頭、有人緊跟在炮陣後面打掃，而小朋友們就提著燈籠跟在陣頭後面遊街，晚上六點從翁社里的信仰中心萬年宮出發，直到繞完翁社里每一條路，回到萬年宮，全程歷時超過四小時，隊伍的聲勢浩大，家家戶戶會擺出香案接神，官將首、神轎輪流向前，為各家驅逐邪煞、帶來平安，可惜隨著工作型態的轉變，參與者多剩下村中的老人，年輕人或孩子已較少看見，令村中老人想起當年榮景，仍不勝唏噓。

　　除了翁社里之外，東湳里也有土地公遶境，在中秋節時，東湳里會將全里 16 間土地公廟的土地公聚集在活動中心〔註 45〕，由活動中心出發，遶境全里 16 間土地公廟，活動的起源是因為政府的農村再生計畫，再加上東湳里特別多的土地公廟，讓東湳里里長發起舉辦土地公遶境慶典，而這也成為里民們一年一度期待的重要活動之一。

　　東陽里雖然不曾舉辦遶境，卻也會在八月十五日和十月十五日兩天舉辦土地公的團拜，將土地公聚集到活動中心前，一起誦經、看戲，也讓里民們同時可以參拜所有的公家土地公。

　　豐原，一座歷史悠久的城市，從開闢葫蘆墩圳開始，漢人將土地公信仰帶進豐原，沿著水圳邊、田邊、山邊，許多土地公廟林立，都象徵著「人」曾在這裡生活過，人民建立土地公廟宣告領地，並遏止他人胡作非為，從小廟到信仰中心建立，也象徵著聚落的出現，豐原的土地公信仰從開發延續至今，經過百年的轉變，衍生出各地區自己的特色，無論是否仍保留傳統，或

〔註 44〕翁社里環保志工口述，訪談者洪岱筠，民國 108 年 2 月 19 日，翁社里土地公遶境。

〔註 45〕因東湳里的石靈公沒有神像，石頭上僅刻有「烏牛欄...」等字樣，烏牛欄應位於現今鐮村里一帶，因此與鐮村里略有爭議，故里長並未將之劃入土地公遶境的範圍內。

是再創新，都屬於土地公信仰的一部分，豐原經歷了客家人的墾荒、與閩南文化的融合，許多客家人隨著時間，也講起了閩南話，甚至在文化表現上也與閩南文化越來越相似，也經歷了日治時期的宗教政策，非常不容易將廟宇保留下來，卻多了日本文化的元素在內，豐原的土地公廟可說是展現了多元文化的誕生，較可惜的是土地公廟的組織規模通常較小，許多有特色的土地公廟隱身在田野之中，除了當地居民外，鮮為人知。

第三章　清代至日治時期的豐原 土地公廟

　　由於豐原土地公廟的數量眾多，本研究經田調結果，擬將豐原土地公廟分成兩大部分來做介紹：戰前及戰後，本章將談到戰前－清代及日治時期的土地公廟，由於年代久遠，從前土地公廟多為田頭田尾土地公，不易留下紀錄，僅能從日治時期的寺廟臺帳或是各家土地公廟的寺廟沿革中去探尋，此時期的土地公廟數量較少，但是由於成立時間較早，許多土地公廟較具特色，也留有較多的傳說，因而與戰後的土地公廟分別介紹。

　　本章將分成兩部分，第一節將介紹清朝時期的土地公廟，清朝時期的豐原為農業社會，人們與土地的連結較深，此時的土地公廟除了田頭田尾土地公之外，許多聚落已興建起屬於村莊的土地公廟，透過日治時期寺廟臺帳，分析庄廟型土地公廟的空間分布及時間，與豐原地區的開發順序有什麼關係？又或者是土地公廟的建立與葫蘆墩圳是否有所關連？

　　第二節將談到日治時期的土地公廟，在豐原有許多建築風格特殊的土地公廟，有些土地公廟是巴洛克式風格的，有些土地公廟具有鳥居，在建築中帶有許多日式元素在裡面，本節將試圖梳理其中脈絡，探究這些土地公廟建築風格特殊的原因。

第一節　清朝時期豐原土地公廟

　　豐原的歷史發展圍繞著葫蘆墩圳的開鑿，葫蘆墩圳為豐原帶來豐沛的水利資源，甚至灌溉了整個大臺中地區，土地公廟通常是一個地區最早出現的廟宇，但是由於土地公廟的年代久遠，在早期多為疊石而座，因此難以追溯土地公廟的實際年代，僅能推算信徒為土地公廟建廟的年代，但有許多廟宇

並未留有詳細的文書紀錄，幸運的是，《岸裡大社文書》保留了大部分的資料，從《岸裡大社文書》中，透過漢佃贌墾番社地的合約，能發現豐原地區的開發順序〔註1〕，據文書記載，在雍正年間，岸裡社用了大量土地與張振萬及六館業互交換灌溉水源，乾隆初期開始有漢人向社番贌墾土地，豐原最早的紀錄是在乾隆20年（1755年）由圳寮庄開始。

沿著葫蘆墩圳的開發，各地開始建立屬於自己的村落、自己的土地公廟，這個時期建立的土地公廟可分成兩種類型，一種為庄廟型土地公廟，即當時的土地公廟為村落信仰中心，例如：圳寮福德祠、大街尾福德祠⋯⋯等共十一座（詳見表2），是規模較大的土地公廟，第二種則是屬於私人型的土地公廟，當時多為田頭土地公，數量多且難以計算確切的年代，慶幸的是日治時期的宗教調查，為庄廟型土地公廟留下資料，而參照部分寺廟沿革則能大致了解私人型土地公廟。

一、庄廟型土地公廟

表2　日治時期臺中州豐原郡福德祠寺廟臺帳

	寺廟名	舊址	現址	年代
1	圳寮福德祠	上圳寮庄	圳寮里	雍正11年
2	豐原里頂街里福德祠	葫蘆墩街	頂街里	乾隆54年8月
3	西勢里福德祠	葫蘆墩街	西勢里	乾隆54年8月
4	大街尾福德祠	葫蘆墩街	葫蘆里	嘉慶元年
5	橫街尾福德祠	葫蘆墩街	富春里	嘉慶9年9月
6	豐榮下街里雙福祠	葫蘆墩街	豐榮里	咸豐4年11月
7	合併了番社及後菜園福德祠	葫蘆墩街	豐榮里	咸豐5年
8	中山里福德祠	葫蘆墩街	中山里	咸豐9年12月
9	豐圳里福德祠	下圳寮庄	圳寮里 豐圳里	清末（約120年前）
10	豐田里烏牛欄福德祠	烏牛欄庄	田心里 豐田里	清末（約百年前）
11	水源福德祠	上南坑庄	南嵩里	清末（約百年前）

資料來源：本研究整理自《寺廟臺帳臺中州豐原郡I上》

〔註1〕施添福（1995），〈清代臺灣岸裡地域的族群轉換〉，載於潘英海、詹素娟（主編），《平埔研究論文集》，臺北市：中央研究院臺灣史研究所籌備處，頁301～332。

（一）豐原福德宮

　　依據日治時期寺廟臺帳記載，本祠建於清雍正 11 年（1733 年），建於豐原圳寮西汴圳旁，早年為求水利順暢，用石塊推砌以供參拜，故香火鼎盛，為當地居民相當重要的信仰，在清朝時，每年七月十六日，會舉辦拜圳頭的儀式，由地方官員在圳寮福德祠舉辦，除此之外，每年八月十五日，六館業戶會在此舉辦福德爺祭，來祭祀土地公；在日治時期，更傳說一名受雇的臺灣師傅，在工作中發現一尊土地公神像順流而下，於是他將土地公拾起供奉，沒想到從此之後，工程順利進行，灌溉農田的狀態也非常良好，因此日本的水利官員決定要好好安置土地公，便蓋了土地公廟，並為其製作一塊紀念匾額，詳細記載他的由來，由於，土地公相當靈驗，原本僅是由水利會祭祀的土地公，便成為圳寮庄全庄人共同祭祀的土地公，這一座土地公廟的造型，與臺灣一般傳統的寺廟造型不同，它的外觀為歐洲風的半圓形廟宇〔註 2〕，可惜據圳寮里戴前里長於 2012 年受訪時表示，民國 84 年為配合道路拓寬工程，而遷移廟址至軟埤溪畔，廟中具三對土地公及土地婆，除了原本水利會供奉的之外，圳寮里里民又供奉了一對，前幾年豐洲路道路拓寬時，原豐洲路上之土地公與土地婆遷址於此，而造成三對土地公土地婆的盛況。

〔註 2〕陳炎正（2000），《葫蘆墩圳開發史》，臺中縣：臺中縣葫蘆墩文教協會。

圖 6　豐原福德宮

（二）豐原里頂街里福德祠

　　頂街里於清朝時期已非常繁榮，自今日的新生北路往東至豐原太平洋，地勢較高，稱為頂街，頂街在清朝時，為泉州移民的聚集地，多以布行或雜貨店為主，因此又稱文市〔註3〕，目前仍為豐原區著名的商業區，與豐原里合

〔註3〕賴志彰（1997），《臺中縣街市發展：豐原、大甲、內埔、大里》，臺中縣：臺
　　　中縣立文化中心。

祀豐原里頂街里福德祠。

　　依日治時期寺廟臺帳記載，建於清乾隆 54 年（1789 年），原為三塊大石疊成，後有當地居民與附近商人集資建祠，分別於民國 35 年、55 年、73 年整修，廟中有土地公及土地婆。寺廟座落於葫蘆墩圳旁，對面有棵大樹供人祭祀，由於寺廟位於豐原最熱鬧的商業區，信眾極多，香火鼎盛，廟中有土地公及土地婆神尊，其中土地公為黑鬍帶著宰相帽，特別的是土地婆抱著孩子，但是並未在田野調查中發現有保佑生子的傳說。

（A）手中抱子的土地婆神像

圖7　豐原里頂街里福德祠

（三）西勢里廣福祠

據當地劉姓居民口述，約有 200 多年歷史，原為半身高的石頭小廟，於民國 49 年重建，前有水圳流經，土地公為石雕神像，相傳可以撐轎起乩，開立藥方，並告知貴人的方位給祈求之人，相當靈驗，從前豐原地區若有人去逝，會至慈濟宮與西勢庄土地公祭拜，由於土地公的作為守護幽冥入口的守護神，人死後必須至土地公廟報備，告知土地公他守護的土地上，有人民過世，等葬禮過後再到城隍廟，註銷陽間戶口，改登記陰間戶口。

（A）神像背後有「福德正神」神位牌

圖 8 　西勢里廣福祠

（四）大街尾福德祠

　　此福德祠位於墩腳，於清朝時，有集市環繞墩腳，附近有葫蘆墩巡檢司把守治安，直到日治時期，墩腳到新生北路這段仍是豐原最為熱鬧的區域，直到日治末期才移轉至今日的復興商圈〔註4〕，相傳此地為風水上的葫蘆穴，葫蘆墩在夜裡時常發生火災，蓋在這附近的房子常因不明原因起火燃燒，但是俗語說「葫蘆穴，越燒越烈」，因為裡面有一堆白銀正在燃燒，相當於吐錢的意思，越燒越旺，人們的房子也越蓋越好，相傳白馬為白銀的守護者，有天晚上點心店的老闆看見白馬在土墩附近玩耍，心急之下將毛巾丟向白馬，當他跑到土墩上時，白馬已消失無蹤，僅留下老闆剛丟下的毛巾，老闆於毛巾掉落處開挖，找到兩塊白銀，沒想到自此卻大病一場，直到將兩塊白銀花完才康復〔註5〕。

〔註4〕賴志彰（1997），《臺中縣街市發展：豐原、大甲、內埔、大里》，臺中縣：臺中縣立文化中心。
〔註5〕林越峰（1936），〈葫蘆墩〉，載於李獻璋（主編），《臺灣民間文學集》，臺北市：龍文出版。

　　葫蘆墩街發展極早，在清朝即有街市與土地公廟存在，依據日治時期寺廟臺帳記載，本祠建於清嘉慶元年（1796年），具有百餘年歷史，相當受到當地居民推崇，特別的是廟前有著原本守護豐原神社（今南陽國小）的狛犬及石燈，因神社拆除而搬到此地。

（A）隱約可見神像背後有「福德正神」神位牌

（B)從豐原神社移來的日式石燈

（C）從豐原神社移來的狛犬

圖9　大街尾福德祠

（五）橫街尾福德祠

依據日治時期寺廟臺帳記載，本祠建於清嘉慶 9 年（1804 年），位於葫蘆墩圳上方，望向水源頭，古時認為水即財源，土地公廟面向水源頭象徵著把守水源，避免財源流失，因此，土地公位於街口和街尾可把守財源不向外流出，橫街尾福德祠由於位在著名的商業區，香火鼎盛，由富春里、民生里與葫蘆里三里合祀，廟口牌樓與其他廟宇不同，上面刻的不是龍而是馬，象徵龍馬精神。

（A）象徵龍馬精神的牌樓　　　（B）日治時期重修後留下的紀念石

圖 10　橫街尾福德祠

（六）豐榮下街雙福祠

　　坐落於葫蘆墩圳旁，雖然位於豐榮里，但與下街里合祀，於清朝時期已非常繁榮，自今日的新生北路以西至法院，地勢較低，稱為下街，下街在清朝時，為漳州移民所經營，多以農產品、家具或農具店為主，因此又稱武市〔註6〕。

　　據當地張姓居民口述，附近原有兩家土地公廟，其中一座因興建信義街而被迫拆除，依本研究對照日治時期寺廟臺帳，應為後菜園及番社福德祠合併至此，因土地公廟為兩間土地公廟合併，改名為雙福祠，為豐榮里與下街里共同祭祀的土地公廟，從前廟前有石桌和棋盤，許多老人會在樹下下棋，但由於興建公共腳踏車站而拆除，老人下棋的景色便不曾再出現過。

〔註6〕賴志彰（1997），《臺中縣街市發展：豐原、大甲、內埔、大里》，臺中縣：臺中縣立文化中心。

圖 11　豐榮下街雙福祠

（七）中山里福德祠

　　中山里有著名的慈濟宮及熱鬧的廟東夜市與復興商圈，於清乾隆 42 年（1777 年）5 月已有「街衢在觀音亭前，為日夜皆有賭場，也唱夜戲，治安窳列」〔註7〕，觀音亭即為現在的慈濟宮，據陳炎正老師說法，當時廟口面向復興路，由此可知在清朝時期，復興路即為商戶聚集的地區，且相當繁榮。

　　依日治時期寺廟臺帳記載，本祠建於清咸豐 9 年（1859 年），立祠奉祀至今已有三百餘年歷史，寺廟沿革中顯示，此廟原為壘石而座，於民國 19 年擴建福德祠，後因皇民化運動而拆毀，於民國 57 年又重建，因神靈顯赫，信徒日眾，逐漸擴建為今日規模，許多信眾不辭千里來此，逢年過節，人神同樂，也有墨客騷人擊缽吟詩，福德祠不僅為里民信仰中心，更是社教聖地。

〔註7〕賴志彰（1997），《臺中縣街市發展：豐原、大甲、內埔、大里》，臺中縣：臺中縣立文化中心。

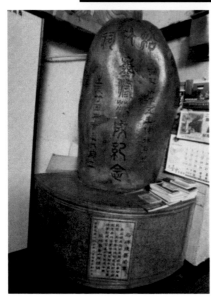

（B）籤詩

（A）日治時期重修後留下的紀念石

圖 12　中山里福德祠

（八）豐圳里福德祠

豐圳里唯一一座土地公廟，依據日治時期寺廟臺帳記載，約有百餘年歷史，屬庄頭土地公，據廟公表示，原本僅祭祀一塊石牌，上面刻有「福德正神」四字，約在民國 46 年才由信眾共同出資建設土地公廟，並供奉神像，廟中保存有木質的輪值香牌，輪值的人須負責土地公廟的清潔與每天的祭祀，結束後將香牌拿去下一家，誰手中有香牌，就由誰輪值，輪值表用毛筆寫在香牌上，但是由於年代已久，已看不清楚，現在也已不依照香牌輪值。

（A）神像背後有「福德正神」神位牌

圖 13　豐圳里福德祠

（九）豐田里烏牛欄福德祠

又稱庄頭土地公、烏牛欄土地公，建立已有百餘年歷史，土地公廟的規模很大，牆上有立法委員捐贈的「有求必應」的匾額，廟中有土地公與土地婆，神像沒有華麗的裝飾，樸實但看的出來歷史悠久，神像下雕刻著田心里，也證實此地原本屬於田心里的一部分，神像後方有福德正神的石牌，為閩南人供奉土地公的特色，但廟後方卻有水泥化胎〔註8〕，是客家人的特色，明顯可看出兩大族群的人在地方的融合，化胎上種有兩棵大樹，每年土地公慶典時，都會有隆重的儀式，信徒眾多，平日也香火鼎盛。

（A）信徒捐贈匾額

〔註8〕是廟後方多有石頭疊成或水泥制的半月形土丘，稱之為化胎。

（B）神像背後有「福德正神」神位牌

圖 14　豐田里烏牛欄福德祠

（十）水源福德祠

　　依日治時期寺廟臺帳及寺廟沿革記載，約建於清光緒 2 年（1876 年），信徒張朝海公，因子孫滿堂，為叩謝神恩，於田頭立后奉拜土地公，保佑居民稻米豐收，於大正 5 年時，因榮獲葫蘆墩米金牌獎而被表揚，受贈匾額及獎狀，民國 78 年因土地重劃而遷建，民國 88 年因九二一地震震毀而重建成現今模樣。

圖 15　水源福德祠

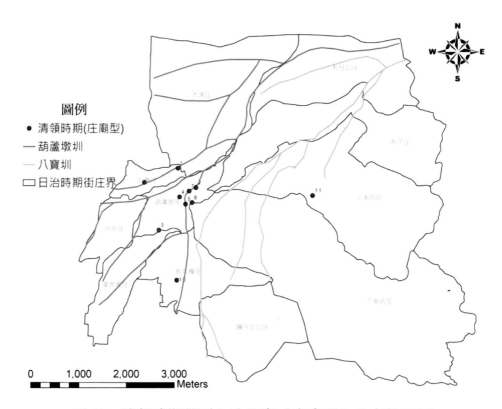

圖 16　清朝時期豐原土地公廟（庄廟型）分布位置圖

　　透過圖 16，我們可以發現許多土地公廟都屹立於水圳旁，其中包含豐榮頂街里福德祠、橫街尾福德祠、豐榮下街里雙福祠（原為兩間土地公廟合併）、豐圳里福德祠、圳寮福德祠等十一座土地公廟中，有六間與葫蘆墩圳有關，由此可見葫蘆墩圳對豐原的重要性，讓人民安排很多土地公在旁守護，自古土地公也具有「把水」的功能，農民雖然須靠水耕作，但也害怕水的氾濫而導致農作虧損，因此派遣土地公在水源附近、或是溪流轉彎處把守水源，若土地公功能不彰，那麼大水氾濫時，土地公廟也將被淹沒，所以土地公必須好好看守，葫蘆墩圳的灌溉面積之大，除了這些大型土地公廟之外，有許多私人設立以石頭疊起的土地公也具備相同的功能，後來也紛紛改建為廟宇。

　　對於以農立國的臺灣而言，灌溉水源對農田相當重要，但農民們對於「水」卻是又愛又怕，缺水可能導致歉收，多水可能導致氾濫，但是天災並非人可以控制，只能祈求神靈保佑，而豐原的開發與葫蘆墩圳息息相關，這些圍繞在葫蘆墩圳周邊的土地公廟大多年代久遠，屹立已久，看著豐原成長。

二、私人型土地公廟

此類型土地公廟於清朝時期多為石頭造型，後期才改建為中小型的福德祠，但由於在寺廟沿革具詳細記載，且廟宇規模較大，在當地皆頗具盛名，因而特別列出，整理表格如下：

表 3　清朝時期豐原土地公廟（私人型）列表

	寺廟名	舊址	現址	年代
1	大楓樹福德祠	翁子庄	翁子里	清咸豐年間
2	西安里福德祠	葫蘆墩街	西安里	清光緒年間
3	社皮里福德祠	社皮庄	社皮里	清光緒年間
4	頂角潭福德祠	大湳庄	東湳里	清光緒年間
5	考枋腳福德祠	下南坑庄	北陽里	清末
6	隆田福德祠	下南坑庄	北陽里	清末
7	檨仔腳福德祠	下南坑庄	北陽里	清末
8	南陽祠	下南坑庄	南陽里	清末
9	南福祠	下南坑庄	陽明里	清末
10	庄尾福德祠	烏牛欄庄	豐田里	清末
11	柑宅福德祠	烏牛欄庄	豐田里	清末
12	南村里福德祠	上南坑庄	南村里	清末
13	豐原南翁福德祠	翁子庄	翁子里	清末
14	翁子里百年福德祠	翁子庄	翁子里	清末
15	埤頭福德祠	朴子口庄	朴子里	清末
16	湳溝福德祠	朴子口庄	朴子里	清末
17	第 15 鄰福德祠	朴子口庄	朴子里	清末

資料來源：本研究田野調查資料整理。

（一）西安里福德祠

原本西安里與西勢里屬同庄，西安里位於庄頭，此土地公是由西勢里廣福祠分香而來。據寺廟沿革記載，在光緒年間，由巫姓老先生為了看雇庄頭地方平安，巫家提供土地用大石造小廟供奉福德正神神位讓地方民眾參拜，光復後重建，但因開闢道路的關係，土地公廟拆除，並於民國 77 年由當時里長發起捐錢購買土地，重建土地公廟。

圖 17　西安里福德祠

（二）社皮里福德祠

社皮，因位於大社（今岸裡）南邊而得名，古時稱之為「社背」，因「背」與「皮」的閩南語同音，而被誤稱為社皮〔註9〕，據寺廟沿革記載，光緒年間已有此土地公，於民國 21 年社皮庄保正發起建廟，神威顯赫，地方人民感念土地公，樂捐購地，於民國 77 年修建於此。

〔註9〕張伯鋒、張聖翎、黃兆毅、巫宜娟、鄭吉成（2006），《臺灣地名辭書，卷十二，臺中縣（一）》，南投市：臺灣文獻館。

（Ａ）有特色的石製香爐

圖 18　社皮里福德祠

（三）頂角潭福德祠

　　頂角潭是個位於葫蘆墩圳東汴和西汴分水處的一個三角形水潭，依寺廟沿革記載，此土地公廟建於清光緒 16 年（1890 年），原僅為木造廟宇供地方民眾參拜，香火鼎盛，後因廟宇陳舊，再加上民國 9 年時，遭逢水災，據東滿里長口述，有居民看見土地公結繩協助抵抗水災，而沒有造成過多死傷，但土地公廟僅剩下金爐而無金身，因此在民國 10 年時重建土地公廟，並於廟前祭祀水神，後來於民國 66 年再度重修，土地公相當靈驗，頗受地方人民愛戴，從廟中可抽籤詩及點光明燈便能得知。

（A）土地公廟前有另一小祠祭祀水神，據說與民國 9 年發生水災有關

圖 19　頂角潭福德祠

（四）考柃腳福德祠

考柃腳，因苦苓樹而得名，昔日周圍皆為農田，福德祠建於清光緒 2 年（1876 年），原為苦苓樹下的磚造小祠，至今已有百餘年歷史，經多次翻修後成現在的規模，在當地頗具盛名。

（A）舊照片中福德祠從前僅為樹下小祠

圖20　考枋腳福德祠

（五）隆田福德祠

約有百餘年歷史，是北陽里最老的福德祠，許多商人都會到此祭祀，祭
祀過後事業會蓬勃發展，在當地相當有名，每年八月十五日會舉行擲爐主的
儀式，若無人參與便由管委會接手，土地公生以及八月十五日兩天都會作戲
感謝土地公，並誦經為大家祈福。

圖 21　隆田福德祠

（六）樣仔腳福德祠

原為田頭土地公，在百年的樣仔樹下有三顆石頭，做成石棚狀，供附近居民休憩祭祀，從古至今，只要居民有生活上的大小事，都會來尋求土地公協助，最後也都會得到幫助，神蹟顯赫，香火鼎盛，在民國 58 年時，由附近居民聯合出資改建土地公廟，民國 73 年時，因信眾日益增加，又再擴建，民國 84 年始，土地公廟前庭常有積水，附近居民希望能再重建土地公廟，但礙於無經費執行，遲遲無法動工，經土地公指示，儘管動工，經費自然會隨後補足，果然在民國 87 年時順利落成，而成現在規模，民國 88 年發生九二一地震，土地公轄區無人受傷，顯然為土地公保佑，知道會發生地震，盡早完成土地公廟改建。

圖 22　樣仔腳福德祠

（七）南陽祠

位於一棵百年芒果樹下，原本僅是在樹下祭祀，後來才建成福德祠，年代久遠，曾於民國 73 年重建，芒果樹下有一塊蔭庇鄉里的石碑，可見此福德祠對於地方民眾的重要，寺廟有兩支大龍柱，且福德祠無論在屋頂、天花板，還是樑上，都非常具有藝術美。

（A）位於百年芒果樹下的福德祠

圖 23　南陽祠

（八）南福祠

　　南福祠位於八寶圳上方，據廟方說法，土地公存在已久，約有百餘年歷史，除了南福祠外，原本寺廟旁邊祭祀著百姓公，由於開闢陽明街的關係，因而將廟劃成兩部分，南福祠位於陽明街南方，百姓公位於陽明街北方，且南福祠較道路低矮，儘管如此，土地公的香火鼎盛，每到土地公生日這天，皆會作戲、煮平安圓，信徒眾多，將廟庭擠得水洩不通。

圖 24　南福祠

（九）庄尾福德祠

　　原為田頭土地公，當初要蓋土地公廟時，地主認為可以在自己的土地上蓋廟除了庇蔭鄉里之外，更多的是庇蔭自己的後代子孫，當時的土地便宜，沒想到後來土地變貴，子孫們把地抵押，卻無力還錢，遭到法院拍賣，土地公廟被迫要拆廟還地，後來里民共同集資捐獻購買土地，讓土地公有個家，廟旁有水圳流經，土地公也具鎮水功能，廟中有一石製香爐，上面寫著田心里，可知他的年代久遠。

圖 25　庄尾福德祠

（十）柑宅福德祠

　　原為清朝周家為求五穀豐收而立的三顆石頭，至今已有兩百多年歷史，香火鼎盛，名約烏牛欄柑宅土地公，於民國 28 年信眾集資建造小祠，由於信徒不斷增加，廟庭不敷使用，於民國 64 年地主周先生捐獻土地重建成現在的規模。

圖26　柑宅福德祠

（十一）南村里福德祠

　　原僅為石頭疊為神座供民眾膜拜，在光緒16年（1890年）時，改以石板雕刻神像奉祀，雖然簡陋，但香火鼎盛，於民國58年經眾人募資重建廟宇，適逢開闢圓環東路，原圓環東路上之土地公廟較為簡陋，趁南村里土地公廟重建之時，將圓環東路上之土地公合併至此。

圖 27　南村里福德祠

（十二）豐原南翁福德祠

　　具百餘年歷史，因修繕半張萬善堂時，發現一旁立有年久失修的福德祠，因而發起重建。

圖 28　豐原南翁福德祠

（十三）翁子里百年福德祠

位於八寶圳旁，東勢通往豐原的要道上，有一棵讓人休息的大樹，因此在樹下祭拜土地公，約有百餘年的歷史，但是因為地權劃分不清，無法做土地登記，因此在民政局統計中，並未列入為豐原的土地公廟之一，每年八月十五日會舉辦乞龜儀式，由居民擲筊請示土地公同意，即可帶紅龜粿回家與家人分食，祈求平安。

（Ａ）土地公及土地婆的首件神襖

圖 29　翁子里百年福德祠

（十四）埤頭福德祠

位於水源的上游，又稱水頭土地公，在朴子里相當著名，據當地耆老說法，朴子里信仰中心萬順宮建成時，即有此土地公廟，朴子里的其它 18 間土地公廟皆由此分靈，因此在每年二月初二日，土地公生日時，居民還是會到此廟祭祀，甚至是吃福。

圖 30　埤頭福德祠

（十五）湳溝福德祠

　　原本稱之為大石土地公，建廟約三百多年歷史，一旁有葫蘆墩圳經過，又被稱是水尾土地公，原本應是把守葫蘆墩圳水源的土地公。

圖 31　湳溝福德祠

（十六）第 15 鄰福德祠

清末時，田主林先生在榕樹下以三顆石頭堆砌祭祀，為田頭土地公，附近里民也時常到此祭祀，以附近的高境公司為盛，早晚都至土地公廟奉茶，後來公司經營的有聲有色，老闆認為是土地公的保佑，因而出錢建廟，林先生的父親則捐獻土地予以蓋廟，廟的上方掛有「龍神興旺，合境平安」的令旗，可見當地應為客家聚落。

（A）屋頂上令旗寫著「龍神興旺，合境平安」

圖 32　第 15 鄰福德祠

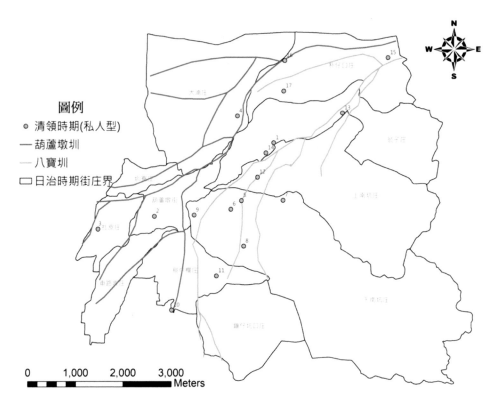

圖 33　清朝時期豐原土地公廟（私人型）分布位置圖

　　從圖 33 中，本研究發現庄廟型土地公廟與私人型土地公廟在分布上有顯著的差異，在當時能成為庄廟型的土地公廟，聚落勢必有一定規模，我們能發現大多聚集在葫蘆墩街或是豐原最早開發的聚落圳寮庄，可見這兩個地方的聚落多有一定發展；然而私人型的土地公廟在當時記載，多為石主或石棚形式的土地公廟，一般是在大樹底下，而大樹保留至今，多有百年以上的歷史，因此寺廟沿革才會記載土地公廟歷史悠久，具上述紀錄，私人型土地公廟具三種類型的特色：

1、大樹下的田頭土地公

　　人們相信活得久的大樹，必有神靈庇佑，因而有敬畏之心，一來大樹能夠乘涼，二來祭祀他以保佑農地豐收，便在樹下疊石而座，成為田頭土地公，因為是田頭土地公，建祠後並未特意幫他起名，便以樹名來當作福德祠的名字，例如：大楓樹、考柃腳、樣仔腳……等，皆具此特色。

2、位於水圳邊的土地公

在庄廟型土地公廟中，我們即發現豐原的土地公廟與葫蘆墩圳的開鑿有些許關聯，在私人型的土地公廟中，亦能發現此特色，在豐原有兩條水圳，一個是葫蘆墩圳，另一個則為八寶圳，在圖 33 我們能發現庄尾福德祠、朴子里湳溝福德祠皆位於葫蘆墩圳旁，且具當地居民說法皆有把守水源的功能；而翁子里南翁福德祠、翁子里百年福德祠、南陽里南福祠、朴子里埠頭福德祠……等則位於八寶圳旁，由此更能證實水圳之於農民的重要性。

3、土地公廟位於官方要道上

據翁子里里長口述，翁子里的南翁福德祠、百年福德祠、大楓樹福德祠，皆位於東勢到豐原的官方要道上，當時來往兩地的人相當多，從前交通不便，許多人靠著雙腳徒步來回，大樹提供旅人暫時乘涼休憩的地方，因而有人供奉，祈求保佑旅途平安。

透過上述表 2 和表 3 之整理，能清楚知道各土地公廟建立的年代，進而得知各聚落土地公廟建廟之順序，前述提到透過《岸裡大社文書》能推測豐原土地公廟之開發順序，據施添福先生的研究，豐原開發順序可能為：圳寮庄、社皮庄、葫蘆墩庄、翁仔庄、烏牛欄庄、樸仔口、南坑口、車路唇（車路墘）、大湳，從土地公廟的建廟年代，恰巧也能為此開發順序做一佐證，豐原的開發由圳寮庄開始，圳寮福德祠可說是豐原最老的土地公廟，據日治時期寺廟臺帳紀錄，圳寮福德祠修建於雍正 11 年（1733 年），早在張振萬等人進入圳寮地區時，就已建立，圳寮福德祠在豐原地區的土地公信仰中佔有一席之地，無論是官方的拜圳頭儀式或是六館業戶的福德爺祭，都凸顯圳寮福德祠在地方的重要性，可惜後來圳寮里興建活動中心，而被迫遷離原址，而後社皮庄、葫蘆墩庄、翁仔庄、烏牛欄庄、樸仔口、南坑口皆有土地公廟建立之紀錄，其中以葫蘆墩庄的土地公廟數量最多，本研究推測應與清末葫蘆墩庄有街市出現有關，人口較多且集中，因此土地公廟數量較多，而車路唇（車路墘）和大湳庄土地公廟的建立則集中於下一節的日治時期。

清朝時期的豐原尚處於農業社會，此時的土地公還具有農業神的特性，土地公廟和土地有很深的連結，無論是庄廟型或是私人型的土地公廟，在空間分布上多位於田邊或是水圳邊，以期達到守護田地或是看守灌溉用水的目的，從土地公廟的分布圖中，土地公廟的分布除了位於人口聚集的地方外，多與水圳有關，也凸顯了豐原的開發與葫蘆墩圳有著密不可分的關係。

第二節　日治時期豐原土地公廟

　　日治時期對於宗教的政策並非一開始研究者所想像的採取高壓、破除迷信的方式,劉枝萬(1994)在〈臺灣民間信仰之調查與研究〉一文中指出:「日據初期兵荒馬亂,大部份寺廟多被軍隊佔用,對於神佛像與嚴物佛具,無所顧忌予以破壞,因而導致臺灣民眾反感而有礙施政。」因此首任總督樺山資紀便強調,尊重臺人民間信仰,一開始採取的是放任、尊重的態度,直至皇民化政策開始才有了轉變,因此在日治時期,豐原也興建了許多廟宇,如表4:

表4　日治時期豐原新建土地公廟列表

	寺廟名	舊址	現址	年代
1	東勢里福德祠	葫蘆墩街	東勢里	明治28年(1895)
2	三村里福德祠	車路墘庄	三村里	明治28年(1895)
3	溝仔墘五欉榕福德祠	車路墘庄	三村里	明治29年(1896)
4	大湳里三合福德祠	大湳庄	大湳里	日治
5	鴛鴦橋福德祠	大湳庄	大湳里	日治
6	北湳里福德祠	大湳庄	北湳里	日治
7	仁洲福德祠	大湳庄	西湳里	日治
8	虎尾寮福德祠	大湳庄	西湳里	日治
9	溪底福德祠	大湳庄	西湳里	昭和15年(1940)
10	樹林福德祠	大湳庄	東湳里	昭和6年(1931)
11	溪邊福德祠	大湳庄	東湳里	日治
12	厚德福德祠	大湳庄	東湳里	日治
13	羊寮福德祠	大湳庄	東湳里	日治
14	觀埔福德祠	大湳庄	東湳里	日治
15	葫蘆墩公園福德祠	大湳庄	東湳里	日治
16	鎌村里後山腳福德祠	鎌仔坑口庄	鎌村里	昭和7年(1932)
17	鎌村里庄尾福德祠	鎌仔坑口庄	鎌村里	昭和3年(1928)
18	金陵祠	鎌仔坑口庄	鎌村里	昭和10年(1935)
19	糖廍福德祠	鎌仔坑口庄	鎌村里	日治
20	16鄰坑口福神祠	烏牛欄庄	豐田里	昭和11年(1936)
21	東片福德祠	翁子庄	翁社里	日治
22	頂寮福德祠	朴子口庄	朴子里	日治
23	山下石頭公	朴子口庄	朴子里	日治

資料來源:本研究田野調查資料整理。

（一）東勢里福德祠

依據寺廟重建誌記載，本祠最早可追溯至 1895 年，原為榕樹下的三顆石頭，日治末期，當時的東勢庄保正用石板造廟成福德祠，並在石板上刻有福德正神字樣，供民眾參拜，後來才有民眾捐獻原石雕刻的土地公，經數十載的風吹雨淋，不堪使用，於民國 55 年、民國 88 年分別發起重建，重建期間暫居慈濟宮城隍廟出火留任。

圖 34　東勢里福德祠

（二）三村里福德祠

　　又稱車路坼福德祠、上座福德祠、二叢榕福德祠，據寺廟沿革記載建立於
1895 年，原為竹叢內四片石板組成，於 1956 年建廟，廟中具木質輪職香牌，
每戶人家輪流五日，負責寺廟清潔、燒金、點火、敬茶等工作，輪值完傳給下
一戶，香牌背面寫 12 個月的輪值情形，2004 年時，因附近土地辦理土地重劃，
導致原土地公廟低於路面，因此升高重建，重建時暫居慈濟宮城隍廟中留任。

（Ａ）神像背後有「福德正神」神位牌

圖 35　三村里福德祠

（三）溝仔墘五欉榕福德祠

據當地居民表示，此土地公廟建廟的年代與三村里福德祠建廟年代相仿，約建於 1896 年，因此又稱下座福德祠，溝仔墘顧名思義有葫蘆墩圳於廟前經過，是重要的鎮水土地公廟，廟旁有五棵榕樹，據當地居民說法，此土地公廟與三村里福德祠最大的差別在於這邊的榕樹不長氣根。

（A）由於福德祠正在整修，神像暫時供奉於一旁小屋

圖 36　溝仔墘五欉榕福德祠

（四）大滿里三合福德祠

依寺廟沿革記載，廟宇具百餘年歷史，日治時期已有，隱身在巷弄中，卻非常受到當地居民推崇，當地居民認為土地公相當照顧在地人，小神龕上蓋有紅布，象徵讓土地公有房子住，居民表示讓土地公吃紅，神力會有所加持。

（A）信徒相信於神龕上蓋上紅布，神力會加持

圖 37　大湳里三合福德祠

（五）大湳里福德祠

又稱三豐潭福德祠，依寺廟沿革記載，廟宇前身原為三片石板砌成，坐落於傅氏親族田地中的田頭土地公，後來因日治時期，里民赴南洋從軍後，平安返鄉，並發願集資建廟，寺廟於民國 39 年落成，因右臨三豐路，左臨軟埤溪，故取名為三豐潭福德祠，因廟宇年久失修，於民國 93 年重建。

（A）神像背後於牆上寫有「福德正神」字樣

圖 38　大湳里福德祠

（六）鴛鴦橋福德祠

　　因葫蘆墩圳劃分成大湳里與豐榮里，此土地公廟雖然位於豐榮里的土地上，但卻屬大湳里的土地公廟，為住在附近的大湳里居民設置，據寺廟管理人員表示，日治時期已有，具 80 多年的歷史，以前初二、十六都會誦經，但因遭附近居民檢舉，現在僅有特殊節日才誦經。

（A）位於水圳旁

圖 39　鴛鴦橋福德祠

（七）仁洲福德祠

　　據寺廟管理人表示，原本為田頭土地公，在昭和時期已有，是需要蹲下來祭祀的福德小祠，廟後方有兩棵大樹，但因為改建土地公廟，土地不足，因而將樹砍除，在改建廟宇時，當地居民付出甚多，廟宇蓋得相當用心，各種雕刻和畫都非常漂亮。

圖 40　仁洲福德祠

（八）虎尾寮福德祠

虎尾寮，由於風向的關係，讓此地的建築都只建單邊，而得名，依寺廟沿革記載，日治時期是由三顆石頭搭成，於民國 38 年里長發起興建廟宇，保留一塊靈石，目前仍供奉在廟中，於民國 59 年時因颱風損毀，里長再度發起重建，後來歷經無數次風災，分別於民國 77 年、民國 93 年分別整建過廟宇。

（A）最初的石主

圖 41　虎尾寮福德祠

（九）溪底福德祠

依寺廟沿革記載，於民國 29 年建立，位於一條小溝渠的上方，廟宇後方有化胎，於民國 70 年曾再度修建，雖然廟中無土地婆，但是土地公金身顏色

依然十分亮麗，可看出附近民眾對於土地公的用心。

圖42　溪底福德祠

（十）樹林福德祠

因聚落內有樹林而得名，據廟公說法，原土地公廟是個磚造小祠，僅有石頭香爐供大家祭拜，屬田頭土地公，位於現在的北天宮前方，當初要建北天宮時，擲筊請示土地公遷址，目前寺廟中仍保留有民國 20 年時的石製香爐，在每年八月十五日時，廟公會拿出來讓大家插香，每年有 12 次的吃福會，由12 首事輪流舉辦。

（Ａ）廟中保存最古老石製香爐，上刻有「辛未年秋月立」

圖 43　樹林福德祠

（十一）溪邊福德祠

　　依寺廟沿革記載，日治時期已有，以三塊石頭疊起，非常靈驗，民國 35
年才興建小型廟宇，僅能屈身插香，無金身，供地方民眾參拜，於民國 48 年
（1959 年）八七水災過後，移了他處的土地公金身至此，又於民國 66 年再修
建至今，從前每到八月十五日時，地方人民為感謝土地公的照顧，會殺豬慶
賀，現在已無此習俗。

圖 44　溪邊福德祠

（十二）厚德福德祠

　　據東湳里長口述，應有百餘年的歷史，屬田頭土地公，廟宇的造型特殊，建築僅蓋了一半，剩下的用柱子做出騎樓，面對著田地。

（Ａ）造型特殊的福德祠

圖 45　厚德福德祠

（十三）羊寮福德祠

　　據當地居民表示，具百餘年歷史，原本位於大甲溪畔的溪埔地，從前有人在此地牧羊，為了方便牧羊時休息，而修建羊寮，於羊寮旁建造福德祠，擺上三顆石頭供人祭祀，後來經農會協助雕刻金身並迎娶土地婆而遷移至現址。

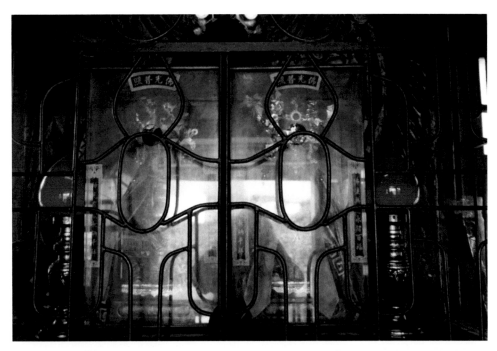

（Ａ）有兩塊信徒捐贈之匾額

圖 46 羊寮福德祠

（十四）觀埔福德祠

　　據當地居民表示，日治時期已有此土地公，約有百餘年歷史，因為晚上時，看見此地發光，而供奉了泥塑的土地公，經過風吹日曬，土地公的手臂缺損，在大甲溪畔原本有一日本人的宿舍，日本人經過此地時，看見缺手的土地公，表示此土地公神像為何斷手，卻無人協助修繕，後來日本戰敗，日本宿舍有許多切割好的石頭，附近居民便將他們帶回，堆成約半人高的石堆

祭祀，近年來才改建為福德祠，僅供附近居民祭祀，原本的石堆在建祠後，便打散成為附近田埂的石塊。

圖47　觀埔福德祠

（十五）葫蘆墩公園福德祠

據東湳里長口述，應有百餘年歷史，早期為三塊石頭堆成的田頭土地公，約民國 62 年時，信徒協助建造福德小祠，但是由於廟體過小，需要屈身才能祭祀，土地公於民國 95 年時，託夢給附近的居民梁先生，希望能由他來協助重建福德祠，但是由於土地公廟目前位於葫蘆墩公園內，屬公園用地，政府一直不允許重建，直到唐里長競選時，遇到梁先生陳情，承諾若當選，必定協助重建，後來唐里長順利當選，經過多方奔走，土地公廟終於得以重建，爾後，據聞梁先生在桃園的土地正好位於新蓋好的捷運附近，而有了近億元的收入，或許是土地公為了感謝他的協助，當地居民認為是土地公保佑。

圖 48　葫蘆墩公園福德祠

（十六）鎌村里後山腳福德祠

　　巴洛克式建築風格〔註10〕立面，於民國 21 年修建，廟柱上有張麗俊先生提字，當時張麗俊先生為上南坑庄的保正，受到鎌仔坑口庄的謝成先生邀請協助寫廟宇的柱聯，在水竹居主人日記中亦有記載此事，廟旁留有修繕紀念碑，土地公神像旁邊放有輪值香牌，作為輪值依據。

　　在鎌村里的土地公裡幾乎都有吃福會，據當地文史工作者廖小姐表示，早期生活較困苦，每到吃福會時，大家都要搬家中桌椅至土地公廟，有人提供自家碗盤，趁福會時，大家一起聚餐，至今村裡的老人仍然很感念當時的榮景。

〔註10〕此建築風格的土地公廟其實應該稱之為「西洋歷史式樣建築」，因臺灣人的對
巴洛克式建築的誤解及濫用，多統稱此風格的建築為巴洛克式建築，然而巴
洛克式建築風格在臺灣僅存在於日本設計者所設計的歷史建築，因此傅朝卿
教授認為應稱之為「西洋歷史式樣建築」，此建築風格的特色為多種元素的混
搭風，例如：紅磚、立面、山牆、拱廊、古典柱式……等西洋元素融入建築
中，此風格的土地公廟與一般土地公廟建築不同，較為洋化。

（Ａ）巴洛克式建築風格立面

（B）重修落成紀念碑，由當時豐原著名文人張麗俊書寫

圖 49　鎌村里後山腳福德祠

（十七）鎌村里庄尾福德祠

又稱金谷祠，原建於清光緒 14 年（1888 年），後因遭人破壞，於昭和 3 年（1928 年）重建完成，坐落於鎌村里的庄尾，與潭子相接壤，一旁有水圳流經，廟的基座很矮，必須要蹲下才能插香，象徵對土地公的謙虛虔敬，前有日式鳥居，上面寫著「自力更生」，大概是為了勉勵大家除了神明保佑外，也必須要靠自己的努力，土地公旁掛有輪值香牌作為輪值依據。

（A）寫著「自力更生」的鳥居

（B）神像背後有神位牌，於神像左側為輪值木牌，現已不用此輪值方式

圖 50　鎌村里庄尾福德祠

（十八）金陵祠

　　又稱茄荃腳土地公、鳥居土地公，建於昭和 10 年（1935 年），為洗石子的仿石材建築，廟頂像地藏王菩薩的帽冠，廟後有化胎，廟前有鳥居、石燈和石獅，融合了多種宗教的特色，旁邊還有村社神道彰功碑。

　　此土地公廟由林慶通先生家中四兄弟共同捐獻建造，建造緣由是因為曾有風水師表示，此地東有金崠山，從地理上看似臥虎藏龍，若能在此地建築廟宇，廟宇將會非常靈驗，因此四兄弟捐地募款建廟，廟宇建成後，林慶通先生在鳥居前後題字「湖光天遠」、「劍氣繞陵」，也表示這個地方是個風景好、適合養氣的風水寶地。

（A）似地藏王帽冠造型的福德祠

（B）鳥居上寫著「湖光天遠」

（C）鳥居上寫著「劍氣繞陵」

（D）日式石燈

（E）村社神道彰功碑之碑文

圖51　金陵祠

（十九）糖廍福德祠

於 1937 年臺灣新民報出版的《臺灣人士鑑》中提到，於明治 42 年（1909年）地方仕紳林慶財先生於鐮仔坑口庄設立振豐裕糖廍工廠〔註11〕，此土地公廟因位於製糖廍旁，而稱糖廍土地公，此土地公為小型土地公廟，需蹲跪著才能插香，表示著對土地公的虔誠，裡面祭祀的為福德正神香位，並無神像，儘管土地公廟較小，但相當具有特色，洗石子的浮雕立面，是個小型的巴洛克式風格土地公廟。

（A）巴洛克式建築風格立面　　（B）供奉「福德正神香位」典型的
　　　　　　　　　　　　　　　　　　客家聚落土地公廟

圖 52　糖廍福德祠

（二十）16 鄰坑口福神祠

從前當地居民祭祀豐田里烏牛欄福德祠，但是至豐田里烏牛欄福德祠需要經過朝陽橋，當時的朝陽橋為木造橋，大雨來臨時，經常被沖毀，導致祭拜困難，因此便在坑口庄增設土地公廟，由於豐田里的形狀酷似一隻牛的形

〔註11〕臺灣新民報（1937），臺灣人士鑑。取自：http://mhdb.mh.sinica.edu.tw/mhpeople/bookimage.php?book=TW&page=444

狀，坑口的位置恰好在牛頭上，因此前人留下「福降正人上坑口，神騎德獸烏牛頭」的對聯，福神祠本身並無經費來源，直到成立管理委員會後，管委會設置平安燈供民眾捐獻，才為福神祠募得款項，得以修繕，除此之外，福神祠在元宵節前後三天會舉辦擲平安柑暨借發財金的活動，期望每個人都能平安發財，非常靈驗，福神祠為當地相當重要之信仰，因此每年會舉辦各種活動，聯繫里民的情感，也提供急難救助金回饋鄉里。

（A）神像背後有神位牌

圖 53　16 鄰坑口福神祠

（二十一）東片福德祠

　　翁社里最古老的土地公廟，為洗石子的仿巴洛克式風格建築，神像後方有石牌寫著福德正神神位，是相當典型的客家聚落，早期客家不拜神像，僅拜石牌，因後來與閩南文化融合的緣故，客家廟中才出現神像，因此廟中既有神像又有石牌。

　　在翁社里每年最盛大的活動就是元宵節的土地公遶境，此活動已持續有百餘年的歷史，相傳因丘逢甲考上進士之故，得以組織神明會，才有遶境文化，早期陣頭在前，會有許多小孩拿著燈籠跟在後方，隨陣頭遶境村莊每個角落，從晚上六點半開始，可以持續到晚上十點或十一點，可說是土地公一年最盛大的活動，翁社裡共三間土地公廟，每四個月會輪流舉辦一次吃福會，一次 500 元，是村子裡大家相聚的好機會。

（A）仿巴洛克式建築風格，於天花板及樑上運用浮雕工法

（B）神像背後有「福德正神神位」的神位牌

圖 54　東片福德祠

（二十二）頂寮福德祠

又稱頂寮伯公，廟旁仍保留有舊時的洗衣場，頂寮伯公為石頭伯公，由朴子里第 14 鄰居民所奉祀，因該石酷似人形半身，當地庄民就將該石奉為伯公膜拜。據朴子里長口述，相傳於日本大正年間（1920 年代）已奉祀有頂寮石頭伯公，民國 55 年庄民幫石頭伯公建祠，民國 80 年代因大家樂風行，該石頭伯公遭宵小偷竊遺失，2 年後才尋回，重新入祠奉祀。

（A）最初的石主

圖 55　頂寮福德祠

（二十三）山下石頭公

原位於農田排水溝旁，因為地處上山的入口，日治時期當地居民深信大石頭具有靈性，可庇祐往返山頭居民的人身安全，因而奉為石頭公來祭祀，上面刻有福德正神位，後來因水流造成石頭公表面會不斷生出青苔，經石頭公應許後，居民將石頭公移至現址，約在民國 40 年左右，朴子里居民在石頭公右前方栽種榕樹做為伯公樹，避免石頭公遭受日曬雨淋，民國 88 年九二一地震後，在石頭公上方搭建鐵皮遮雨棚，並舖水泥地面及小型平臺做為供桌，在伯公樹下則搭建鐵皮小祠，方便信徒祭祀。

（A）石頭上刻有「福德正神神位」的字樣，為典型的客家聚落土地公

圖 56　山下石頭公

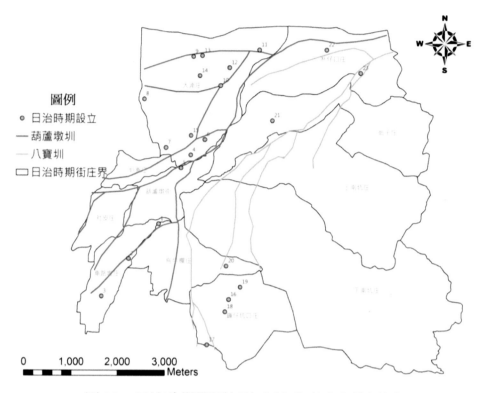

圖 57　日治時期豐原新建土地公廟分布位置圖

在圖 57 中，雖然也有部分土地公廟建立於水圳旁，但是已無如清朝時期般顯著的關係，我們能發現此時期的土地公廟已不在葫蘆墩街，而是從市區向外擴張，其中多分布於大湳庄及鎌仔坑口庄，據《岸裡大社文書》記載，大湳庄是豐原較晚開發的聚落，而鎌仔坑口庄的部分在文書中並未提到，且根據鎌村社區的文獻記載中顯示，鎌仔坑口庄最早的開墾紀錄為清光緒 3 年（1877 年），於日治時期鎌仔坑口庄開始蓬勃發展，因此我們可以得知為何在日治時期開始才有大量土地公廟出現，而此時建設的土地公廟，在建築形式上出現了與其他土地公廟非常不同的差異。

雖然日本政府在早期對於臺灣人的宗教信仰並未加以限制，但是隨著日治後期，戰事擴大，為了配合皇民化運動，開始採取了相關控制宗教的措施，例如：1938 年的「寺廟整理運動」，內容包含寺廟的合併、拆除、神佛像的撤除、合祀、燒毀的工作，日人為徹底實行「皇民化運動」而破壞地方寺廟，希望破壞地方結合的勢力，以利統治，豐原在這樣的背景之下，也開啟了廟宇與日本文化接觸的過程。

　　鎌仔坑口庄也有土地公廟在此時期被迫拆除，適逢當年收成不佳，村民認為是因為對土地公不敬而導致，而在地方望族林家的協助之下，於鎌仔坑口庄中建立許多土地公廟，當然有些地方的土地公廟被拆除後，並不像鎌仔坑口庄幸運得以重建，為了避免土地公廟再被拆除，在建築時，融入了許多日式元素，讓信仰得以保留，除此之外，由於日本政府對於八仙山上木材的需求，積極建設豐原，當時的豐原相當繁榮，許多地方在新建廟宇時，聘請了這些至西方留學，學習了現代建築回來的匠師，將這些「擬洋風」的設計風格帶進臺灣，因此有許多廟宇不似以往的閩南式建築，而融合了西洋或是日式風格，在此時期建立或是改建的土地公廟，多為「西洋歷史式樣建築」〔註12〕。

　　據傅朝卿先生的研究，此時的豐原土地公廟有以洗石子呈現的古典式建築，例如：圳寮福德祠（已拆除）、鎌村里金陵祠、山腳福德祠、鎌村里庄尾福德祠、糖廍福德祠、翁子百年福德祠、翁社東片福德祠、公頂福德祠……等，而部分土地公廟中，還具有巴洛克式風格的浮雕或立面，例如：鎌村里山腳福德祠、糖廍福德祠、翁社東片福德祠、公頂福德祠……等，另外，除了建築風格的差異之外，在金陵祠與公頂福德祠外可見日式石燈，在金陵祠及庄尾福德祠外則有鳥居屹立，據本研究調查，這些土地公廟皆改建於日治後期，日本政府不斷的利用政策來進行文化滲透，當臺灣宗教信仰被迫與日本宗教信仰有碰撞時，為自己做了文化的調適，在社會學上，當兩個文化群體經由持續不斷的直接接觸，並在此過程中雙方或其中一方因而發生改變的經過稱之為涵化，豐原土地公廟的建築風格就在涵化的過程中，產生其特殊性。

　　日治時期，據富田芳郎（1941）的研究，日治末期豐原的工業機能已十分顯著〔註13〕，但仍是以農業社會為主，此時期的土地公廟多還是農業神的功能，祈求農地豐收，但因外在政治環境影響，豐原土地公廟產生建築風格轉變，有人民在政策之下做出了妥協，而這個妥協展現了涵化的特色，在建築上融入日式風格，以假亂真，來保留原有的漢人信仰，希望可以在日本的宗教政策限縮上，找到臺灣宗教信仰的新出口，例如：鎌村里有鳥居的福德祠，這個時期新建的土地公廟數量雖然不多，但是多極具特色，保留至今。

〔註12〕傅朝卿（1998），〈臺灣的西方歷史式樣建築〉，《臺灣月刊》，第189期，頁4～8。
〔註13〕張明月（2001），《光復以後豐原的都市發展與變遷》，國立彰化師範大學地理學系碩士論文。

第四章　戰後的豐原土地公廟

　　第三章已介紹了清代及日治時期的豐原土地公廟，本章將介紹戰後的土地公廟，戰後，國民政府來到臺灣，臺灣又回到漢人為多數的社會，對於宗教信仰的政策不似日治末期限縮，也因此在經濟穩定後，臺灣的土地公廟開始如雨後春筍般建立，有許多土地公廟可能年代久遠，但當時多為田頭土地公，且並無寺廟沿革紀錄，因此本研究採用正式建祠後的時間來計算。

　　本章將分成兩部分，第一節將從時間了解豐原土地公廟建立的原因，因大部分土地公的年代已不可考，若也無建祠年代的記載，將透過寺廟的匾額、石碑所記錄最早的時間做為寺廟建立或重建的年代，透過年代的分析，試圖找出土地公廟多建於哪個年代？或於哪個年代進行改建？而這個年份與豐原的歷史發展又有何關係？

　　第二節將透過空間分析戰後豐原土地公的分布，是什麼原因造成豐原土地公廟大量增加？而大量增加土地公廟的地區又多位於何處？

　　綜合以上，試圖透過空間及時間分析，了解豐原土地公廟於戰後大量興建的原因。

第一節　建廟時間序列

　　由於土地公隱身於田野的特性，讓我們難以計算土地公的年代，許多土地公或許由來已久，但由於從前多屬於田頭土地公，並無人記載，後來才建祠，由附近居民所祭祀，因此，在本節中，將土地公廟依建祠年代劃分，若無明確記載，則依寺廟匾額、石碑記錄最早的建廟年代為基準，做以下分析：

表 5　戰後豐原新設土地公廟各年代數量統計

年代	數量
民國 30 年代	3
民國 40 年代	5
民國 50 年代	10
民國 60 年代	20
民國 70 年代	15
民國 80 年代	14
民國 90 年代	7
民國 100 年代	4
年代不詳，無法辨識	32
加總	110

資料來源：本研究田野調查資料整理。

一、光復初期至八七水災

於光復之後，土地公廟的數量穩定成長，各里多有土地公廟修建，其中有一座建築造型特殊的土地公廟，位於翁社里的公頂福德祠，他的特殊造型已和日本統治無關，而與當時留下的工匠技術較有關係，另外，於 1958 年臺灣發生了一起重大災害「八七水災」，由颱風引發的災害造成多人死亡，多人流離失所、無家可歸，對臺灣影響甚劇，也為許多土地公廟增添了水災的神蹟傳說。

（一）公頂福德祠

翁社里原屬於翁仔社庄的一部分，原為巴宰族翁仔社的所在地，後來因割地換水，以及農業技術的落後，平埔族將許多田地交予漢人開墾，平埔族人逐漸減少，成為漢人聚落〔註 1〕，墾戶張達京的後代世居於此，由於張達京為客家人，翁仔社建立的形式非常客家，多以防禦性建築為主，牆上有槍口，進入村莊後，道路蜿蜒如迷宮，境內有村庄信仰中心萬年宮，而張家人建立的萬選居古厝保留至今成為古蹟。

〔註 1〕張伯鋒、張聖翎、黃兆毅、巫宜娟、鄭吉成（2006），《臺灣地名辭書，卷十二，臺中縣（一）》，南投市：臺灣文獻館。

　　據寺廟沿革記載，公頂福德祠建於民國 41 年（1952），由村莊北邊遷至此，當年朴子口有人中愛國獎券，里民認為因北邊土地公廟面對朴子口的方向，庇蔭了外莊人，因此才遷移至此，建廟時雖然已非日治時期，但許多工匠仍保有日治時期的建築技術，因此土地公廟建築與一般廟宇不同，為仿巴洛克式風格的建築，廟中有福德正神神位的石牌，廟口祭祀龍神，及兩個日式石燈，是非常典型的客家聚落，建造完成時，因廟宇特殊，造成地方轟動，許多外地人遠道而來參觀。

（A）巴洛克式建築風格的浮雕造型

（B）神像背後有「福德正神神位」的神位牌

（C）日式石燈

（D）客家人才祭祀土地龍神

圖 58　公頂福德祠

（二）將寮福德祠

據北天宮的廟公及東湳里長在口述中都提到，將寮福德祠與樹林北天宮的玄天上帝有關，民國 47 年（1958）因大甲溪氾濫（八七水災），東湳里淹大水，村中供奉的玄天上帝顯靈，以稻草結繩來抗暴洪，村民為感謝神恩，而建立此廟，寺廟為位於水圳邊的石材小祠，需蹲下才能插香，石牌上刻有水德星君、山神土地、玄天上帝、福德正神神位等字樣，廟宇相當靈驗，至今每年八月十五日地方民眾都會殺豬舉行普渡，感謝保佑居民安居樂業，在地居民相當重視這天的慶典。

圖59　將寮福德祠

（三）雞母珠腳土地公

據當地文史工作者廖小姐表示，土地公廟的年代久遠，但是於民國47年（1958）八七水災後重修過，當時鐮仔坑口淹大水，土地公廟前汪洋一片，後來從上游漂來一塊擋板，恰好擋住廟門，土地公的金身才沒有被沖走，被當地居民認為是土地公顯靈。除此之外，居民在初一有搶頭香的習慣，認為可以為來年帶來好運，為了搶頭香，居民一年比一年早到廟裡，後來大家共

同協調出一個搶頭香的方式，即大家約好一起插香，一起得到來年的好運。

圖 60　雞母珠腳福德祠

二、民國 50 年代末期行政改制與道路開闢

此時期亦興建了不少土地公廟，多為早已經有的田頭土地公，其中較特別的大概就屬東湳里慈興宮旁的慈興福德祠：

（一）慈興福德祠

據慈興宮幹事表示，原本位於三豐路東側，由三塊石頭疊成，日治時期因道路拓寬，而遷到現在的地方，在民國 53 年時，有村民夢見黑鬚老者指示建廟，因此慈興福德祠的土地公異於別人，是少見的黑鬚土地公，由於位於東湳里信仰中心慈興宮外，信徒眾多，相當靈驗。

圖 61　慈興福德祠

　　於民國 50 年代末，豐原因人口快速擴張，而開始進行一連串的行政改制，其中有部分的里被獨立出來（如表 6），形成目前 36 里的狀態。

表6　豐原里名與里界變遷表

年別	原里名	變更後
民國 57 年	田心里	田心里、豐田里
民國 59 年	東勢里	東勢里、民生里
	西勢里	西勢里、西安里
	圳寮里	圳寮里、豐圳里
	大湳里	大湳里、北湳里
	北陽里	北陽里、中陽里
	南陽里	南陽里、陽明里
民國 65 年	三村里	三村里、中興里

資料來源：整理自豐原市志。

　　在訪談的過程中，有許多里長或居民皆表示，一里應有一座土地公廟，在文獻探討中林美容也提到土地公是具有地域性的，一區的人民只拜自己區域的土地公廟，因此有許多土地公廟成立，再加上豐原進行圓環道路的開闢，讓里跟里之間有了馬路阻隔，居民至土地公廟祭祀不易，而導致對於興建新的土地公廟有迫切需求，田心里福德祠、中陽里福德祠、翁明里福德祠、中興里福德祠……等皆於行政改制後，紛紛成立。

（二）田心里福德祠

　　據寺廟沿革記載，原址位於圓環路上，因開闢圓環路而於民國 60 年遷址至現在的位置，在地方頗具盛名，落成時，縣長還特別題字「錫福德人」的匾額贈予土地公廟，在建築上為六角形的廟宇，有兩根大龍柱，看出的出建廟時非常講究，無論是廟頂的剪黏藝術，或是屋簷的彩繪浮雕，都非常精緻，每年的七月舉行普渡，聲勢浩大，綿延至一旁馬路，信徒眾多。

圖 62　田心里福德祠

（三）中陽里福德祠

中陽里在圓環北路開闢之前，屬於北陽里，因此中陽里的居民大多祭祀隆田福德祠，但隨著圓環北路開闢之後，中陽里獨立出來，也設了屬於中陽里的土地公廟，原本的土地公廟位於葫蘆墩中墩旁一顆百餘年的芒果樹下，在日治時期，這一帶都被劃為墓地，約大正 11 年（1922）時，日本警察高橋先生為這些百姓公建廟，取名為聚星觀，據中陽里長表示，約民國 59 年後，在聚星觀上方蓋了福德祠，建造時又挖到很多骨頭，目前都收入聚星觀祭祀，約民國 70 年左右，附近居民受到託夢，又在福德祠上方蓋了地藏王廟，來守護地區，而此地也形成了特殊的三廟一體。

圖 63　中陽里福德祠

（四）翁明里福德祠

　　據當地居民說法，翁明里原本祭祀的是大楓樹福德祠，但因行政區劃分，才由大楓樹福德祠分香建立，此福德祠原為華隆機械的私人福德祠，由里長詢問是否願意成為里民的信仰中心，經土地公同意，成為地方廟宇，建廟初期，經風水師建議，廟前面有水圳經過，象徵把守財富，而建立於此，土地公果然非常靈驗，在大家樂時期曾經失竊，後由工廠董娘協助重新雕刻金尊，並增加土地婆作伴，每次舉辦慶典時，若和會計對帳，發現經費有短缺時，馬上就會有大筆金錢匯入，相當靈驗，土地公原本戴的是員外帽，於民國 103年民眾還願時，更換為宰相帽。

圖 64　翁明里福德祠

（五）中興里福德祠

中興里原屬於三村里的一部分，於民國 65 年（1976）自三村里獨立為中興里，曾經為眷村聚落，因此取名中興，軍事意味濃厚〔註 2〕，原本地方居民祭祀的福德祠隸屬於三村里，由於一里需要一個信仰中心及民眾的活動中心，經地方仕紳的協助，籌建中興里福德祠，據寺廟沿革記載，於民國 71 年開始動工，民國 72 年完工。

〔註 2〕張伯鋒、張聖翎、黃兆毅、巫宜娟、鄭吉成（2006），《臺灣地名辭書，卷十二，臺中縣（一）》，南投市：臺灣文獻館。

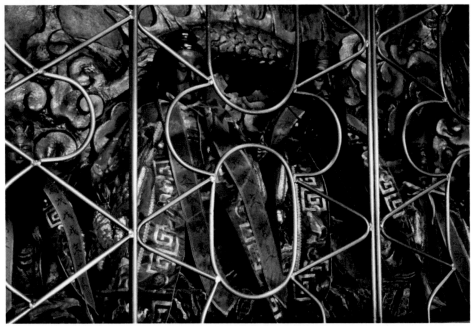

圖 65　中興里福德祠

　　另外，豐原著名的水上土地公也建於此時期，可見儘管到了戰後，葫蘆墩圳對於豐原來說，仍有它的重要性存在。

（六）北湳里角潭福德祠

又稱水上土地公，位於北湳里與翁明里邊界，由兩里里民共同祭祀，此廟建於葫蘆墩圳東汴支線與西汴支線的交叉口，由土地公協助看守水源，確保灌溉水源無虞。

（A）土地公廟建於葫蘆墩圳上方

（B）土地公廟前方明顯可見葫蘆墩圳分為東汴及西汴支線

圖66　北湳里角潭福德祠

三、民國 60 年代的經濟奇蹟

二次世界大戰過後，臺灣由中華民國政府接手，同屬於漢人文化的臺灣宗教信仰開始蓬勃發展，據上述統計，豐原地區於戰後至今共增加了 106 間土地公廟，其中以民國 60 年代為盛，民國 60 年代對臺灣而言是一個重要的轉捩點，無論是在政治或經濟上，由於全球的兩次石油危機，導致經濟不景氣，臺灣也受到影響，再加上民國 60 年（1971）臺灣退出聯合國開始，屢屢外交挫折，而讓當權者的治臺政策有了重大的改變，民國 62 年（1973）的十大建設開始大量投資臺灣基礎建設，順利帶領臺灣度過石油危機，經濟也維持穩定成長，由表 7 中我們可以得知：

表 7　各年代國民所得及國民生產毛額列表

年別 （民國）	按當年價格計算			
	平均每人國民所得		平均每人國民生產毛額	
	金額（新臺幣元）	年增率（%）	金額（新臺幣元）	年增率（%）
40 年	1582	-	1629	-
50 年	6103	7.96	6465	8.20
60 年	16777	13.61	17868	13.79
70 年	90314	16.71	99899	16.52
80 年	227244	10.79	248433	10.79
90 年	399665	-3.77	453084	-2.67

資料來源：整理自行政院主計處，《99 年中華民國統計年鑑》及《100 年統計年鑑》

臺灣人民的平均國民所得在民國 60 年代開始大量的增加，直至民國 70 年代達到顛峰，擠身為亞洲四小龍之列，當時的臺灣創造了經濟奇蹟，人民的收入增加，生活開始變好，也為一路保佑人們至今的神明們雕神像、蓋新厝，有許多廟宇紛紛重新翻修，此時期建立的土地公廟，多為此原因。

除此之外，民國 60 年代臺灣的產業結構有了重大的改變，因一連串的進口替代、出口擴張政策，讓臺灣的產業結構邁向工業化，豐原作為臺中縣的首府，在產業結構改變之下，豐原工廠增加快速，尤其於民國 55～65 年十年間成長幅度最高〔註 3〕，土地公作為商人的守護神，許多工廠會供奉屬於自己

〔註 3〕張明月（2001），《光復以後豐原的都市發展與變遷》，國立彰化師範大學地理學系碩士論文，彰化縣。

的土地公廟，或是資助地方興建土地公廟，來保佑自己的生意興隆，因此，
在口訪的過程當中，發現有許多土地公廟的建立與地方工廠有關，甚至是土
地公廟的長期贊助者，其中較著名的土地公廟有新萬仁工廠的土地公廟以及
永豐餘紙廠的土地公廟，但是由於新萬仁工廠的土地公廟目前仍為私人祭祀
的福德祠，因此並不在本文討論的範圍，永豐餘紙廠的土地公廟原本也位於
廠區內，為私人祭祀的福德祠，直到永豐餘紙廠搬走後，荒廢了一段時間，
後來才又被地方民眾集資建廟，因而本研究將之放置於民國 90 年代後討論。

圖 67　位於新萬仁豐原廠區內的福德祠

　　上述提過的翁明里福德祠的建立即與華隆工廠有關，本段便不再贅述，
以下介紹此時期較為特殊的土地公廟：

（一）福德祠（梁氏）

位於周圍梁姓居民的田中央，據地主梁姓居民說法，因一旁建新工廠老闆為求工廠營運順利，徵求地主同意，於土地上興建土地公廟，神像後面保有客家石碑，從前由江姓管理員義務管理，每年於八月十五日時，管理員會募款播放三天的露天電影來慶賀，還會發放零用錢和點心給來看電影的孩子們，後來江姓管理員離去後，由地主梁姓居民協助修繕及祭祀，據說此土地公非常勤儉，金爐裂開，也不願意修繕，亦不願意遷廟至馬路旁。

（A）神像後方隱約可見寫著「福德」的神位碑

圖68　福德祠（梁氏）

（二）22 鄰保正祠

為求五穀豐收而設立的田頭土地公，土地公廟位於許多小圳的匯流處，地理位置絕佳，據廖仁滄於文化部臺灣大百科中撰寫〔註4〕，此地原本只有靈石，於民國60年代末供奉金尊，無奈金尊遭竊，原本的靈石也在整建過程中遺失，民國76年時，土地公託夢臺中縣議員袁深禾先生，表示他為一名日治時期的保正，因房屋年久失修，請議員幫忙協助翻修，議員依照夢中線索，找到這間廟宇，經擲筊確認後，由議員協助募款建造了日式木造建築的廟宇，並改名為保正祠，民國92年神靈再次降駕指示，在眾人協助下再度翻修廟宇。

〔註4〕廖仁滄（2011），豐原保正祠旁老榕樹，文化部臺灣大百科。取自 http://nrch.culture.tw/twpedia.aspx?id=25350

（A）籤詩

（B）廟中眾多信徒捐贈的匾額

圖 69　22 鄰保正祠

（三）西湳觀埔福德祠

　　依當地居民說法，此福德祠為東湳里觀埔福德祠分靈而來，因附近有許多水圳經過，建廟時，地理師表示應興建水神廟來擋水，因此廟前有石製小祠，供奉北海水神，來看守水圳，附近許多工廠的負責人都會到此祭祀，祈求生意興隆。

（A）福德祠前的小祠祭祀的是水神

圖 70　西湳觀埔福德祠

（四）三百租福德祠

原為田頭土地公，據寺廟沿革記載，興建於民國 68 年，由於附近良田甚多，相傳租金可達 300 石，一租為一石，故名為三百租，於民國 87 年又再次修建，而有今日的規模，每年吃福的日子與其他地區較不同，為農曆二月二日的隔週。

圖 71　三百租福德祠

（五）福德祠（農會旁）

據朴子里長表示，原為三顆石頭組成，由附近居民祭祀，曾有民眾向土地公許願要到外地做生意，祈求土地公保佑，並許願若生意成功就幫土地公建祠，此人後來開了一間製作衣服的公司，而且經營的相當成功，卻沒有依照諾言回來還願，土地公因而託夢給一位時常到廟宇祭祀的女性，由他協助找到此人，並提醒他應該要還願，商人想起後，便出資幫土地公建祠，因為土地公相當靈驗，兩年前土地公金身被偷走，後來才又雕了新的金身。

圖 72　福德祠（農會旁）

四、民國 70 年代土地公的功利化

　　戰後的臺灣百廢待舉，政府經濟拮据，以發行愛國公債、愛國彩券的方式集眾人之資，來增加國家財政收入，在許多國家，早有使用此方法籌措資金的先例〔註5〕，在這樣的時空背景之下，於民國39年發行了第一期的愛國獎券，在民國41年即有記載豐原朴子里有里民中過愛國獎券，而讓翁社里的土地公廟轉向，只求土地公可以真正庇蔭到自己的聚落，而非他人。

　　於民國70年代，臺灣的經濟在穩定中快速的成長，人民的資金充裕，彩券行對於愛國獎券的刻意促銷，再加上民眾想以小搏大的投機心理，使得民國74年至民國76年間，臺灣社會出現了嚴重的賭風〔註6〕，「大家樂」盛行一時，許多人為了一圓發財夢，無所不用其極，求神、拜佛、任何可能跟數字有關的都不放過，各種求明牌的活動，讓許多土地公廟盛極一時，在豐原，也有這樣的土地公廟，隱身在城市的各個角落，儘管不起眼，但在當時可是門庭若市，有人因此一夜致富，然而向神明許願而實現的人，必須要還願，有人因此幫土地公修建廟宇，捐贈金身、衣服、或是帽子，在田野調查的過程中能發現，有非常多土地公廟是因為村中有人中了彩券，事後捐錢出來協助建立，隨著土地公廟靈驗的傳說越來越多，慕名而來的人也越來越多，土地公廟也越建越大。

　　在這講求效益的時代，當土地公多了功利的色彩，也為他帶來了困擾，土地公原本應該和里長伯一樣親近人民，但是今日我們走到土地公廟，時常會發現土地公廟的大門深鎖，因為土地公廟若未上鎖，在廟中的土地公神像時常會不見神影，有可能因為土地公相當靈驗，被慕名而來的民眾請回家，就再也沒回來過，也可能是因為土地公不靈驗，被散盡家財的人憤而毀壞，因此，當地民眾不得已，只好將土地公廟上鎖，避免神像再度消失。

　　幸好當這些博奕活動不再盛行之後，土地公廟再次迎向平和，但仍留下為數不少的土地公廟，成為附近民眾的信仰中心。

（一）石靈公

　　位於大甲溪畔，由鐵皮搭建的廟宇，興建於大家樂時期，裡面供奉石靈公，石靈公為一顆大石頭，於某次水災時，從上游漂流至下游，在東湳里被拾獲，石頭上寫著「烏牛欄橋建造竣工……」等字樣，與富春里橫街尾福德祠竣工紀

〔註5〕蘇法達（2002），《從彩票到愛國獎券——公辦彩券與國家財政關係之探討》，淡江大學歷史學系碩士論文，新北市。

〔註6〕蘇法達（2002），《從彩票到愛國獎券——公辦彩券與國家財政關係之探討》，淡江大學歷史學系碩士論文，新北市。

念碑極為相似，應該為同一年代樹立，且石頭上署名鐮仔坑口庄總代林慶通同立石，因此推測此石頭原本應矗立在鐮仔坑口庄，因大水沖來此地，附近原本為農田及魚池，地主撿到石頭後，覺得石頭非常大，應有靈性，因而供奉在魚池旁，希望能協助守護農作，據地主說法，有天晚上他在孵小鴨的工寮休息，半夜忽聞大雨聲，以及數名女子講話的聲音，卻下不了床，於天明破曉時分，聽到鳥兒啼叫的聲音，始能下床查看，外面一片天晴，私毫沒有下過雨的樣子，一隻鳥兒停在大石頭上，鳥鳴聲似數字，他將這個故事告訴墩腳的商人，沒想到這些數字即為下期大家樂的中獎號碼，石靈公因而一炮而紅，賺了錢的墩腳商人拿了一萬元來協助建廟，當時來參拜的人可是萬人空巷，後來因違建被政府拆除多次，再加上大家樂的熱潮散去，來參拜的人數就變少了。

（Ａ）石頭上寫著「烏牛欄……橋建造竣工」等字樣

圖 73　石靈公

（二）福德祠（自來水廠旁）

　　坐落在自來水廠附近的福德祠，人煙罕至，裡面有土地公一尊，以及寫著福德正神的石牌，廟後方則有一顆似人形的石頭，據朴子里長的說法，從前在大家樂時期，大家都會去那邊求明牌，非常靈驗，直到大家樂不再盛行後，才較少人來祭祀。

（Ａ）神像背後有「福德正神」神位牌

（Ｂ）最初的石主，後來為大家樂時期，信眾求明牌的對象

圖 74　福德祠（自來水廠旁）

（三）東陽橋頭福德祠

　　據東陽里休閒產業發展協會創會長江先生表示，此土地公廟為東陽里最早的土地公廟，具百餘年歷史，亦為東陽里的公有土地公廟之一，每年八月十五日及十月十五日謝平安時會移駕到活動中心團拜。雖然廟宇很小，但是香火鼎盛，許多生意人都會來祭祀此土地公廟，一開始土地公廟是位於路邊，後來是因為開闢了東陽路之後，才變成在山坡處，有信眾為協助讓大家去祭祀土地公的路上更方便，便幫忙蓋了水泥路和前庭，但是因為經費不足，廟庭無法遮風避雨，較為簡陋，從前求發財非常靈驗，大家樂時期時常有人來求明牌，曾經有人求了明牌但是未中獎，憤而把土地公丟到路邊水溝，被來祭祀的民眾發現，才又拾回，因此為了避免土地公神像再度遺失，只好將外面上鎖。

圖 75　東陽橋頭福德祠

（四）301 巷福德祠

　　於寺廟沿革中記載，土地公原本只是一塊石頭，民國 78 年時因有人中了愛國彩券，捐獻十萬元，並向其他居民各募款了三萬元不等，才得以建廟，據當地居民表示，此土地公非常靈驗，有求必應，掌管各種生活瑣事，某次民眾在她從葡萄園回來後，發現金項鍊丟失，以為是掉在葡萄園中，但是在園中怎麼也找不到，因而祈求土地公協助，土地公托夢給他，他依稀夢到是在家中床底下，但是卻怎麼也找不到，只好再拜託土地公幫忙，後來某天他坐在床上，順手摸了一下床板上榻榻米的縫隙，竟然就找到項鍊；還有一次隔壁鄰居的車被偷走，被小偷使用至無汽油後，丟棄在路邊，也是向土地公祈求後，便於某次騎車經過樹林邊時，猛然回頭，發現車子被藏在樹林裡，各種找到遺失物的神蹟在鄰里中廣為流傳，因此只要家中有事，里民多會來福德祠向土地公秉告，請求土地公協助。

圖76　301巷福德祠

五、民國80年代末九二一地震

民國80年代，隨著臺灣的經濟成長趨於平緩，豐原的都市發展也逐漸趨於飽和，雖然仍有土地公廟興建，但數量較少，且自圓環道路開闢後，豐原的發展逐漸向外擴張，此時期的土地公廟多集中於外圍，例如：東陽里、南嵩里一帶，要特別注意的是，於民國88年（1999）臺灣發生了九二一大地震，震央雖位於南投集集，但豐原也位在車籠埔斷層上，於南嵩里、北陽里、朴子里……等地造成極大災損，許多廟宇也在這次的大地震中損毀，當然也出現了許多關於地方損害嚴重，土地公廟卻絲毫未損的神蹟傳說，於震後，眾人集資重建土地公廟，因而在民國88年之後有許多土地公廟重建或是整修。

（一）北陽里福德祠

據當地居民說法，至少有30年以上的歷史，由山立福德祠分靈而來，在九二一地震時，附近的房子受到地震影響多被震倒，僅土地公廟無損，而且因斷層隆起，還長高了，讓附近民眾嘖嘖稱奇，讚嘆土地公顯靈。

圖 77　北陽里福德祠

（二）東陽別莊福德祠

　　據會長江先生說法，原為地主私人祭祀的小祠，土地後來賣給建商，建

商向土地公承諾，建案順利完成後，會為土地公廟進行重建，土地公相當護佑當地居民，因而有人捐獻奉帽予土地公及土地婆，九二一地震後，廟損重建，於民國 93 年重建完成，而有現今規模。

（Ａ）土地公及土地婆神像頭戴奉帽

圖78　東陽別莊福德祠

（三）南崗福德祠

　　年代久遠，據寺廟沿革記載，因九二一地震時損毀嚴重，移址重建，但地震後，景氣不佳，募款不易，後由附近居民出錢出力，才得以重建。

圖 79　南崗福德祠

（四）頂北坑福德祠

　　據廟公菜瓜伯口述，寺廟年代已久，土地公從前位於廟的上方山坡有棵
大樹下，用石頭祭拜，祭拜的人僅為附近幾十戶人家，後來遷移下來改成石
牌，但是在九二一地震的時候寺廟遭到震毀，才又搬遷至此，並刻了土地公
金身，寺廟總共搬遷三次，因爬山的民眾較多，天候不佳時，會在此避雨，

因而捐的香油錢多了，才能給土地公蓋大廟，並添加遮雨棚，寺廟原有附近
居民十人共同管理，無奈大家逐漸遷離此地，僅剩廟公菜瓜伯和當地議員幫
忙，才能有今天的規模。

圖 80　頂北坑福德祠

（五）孔福祠

　　位於師範街，據爐主口述，從前僅是在樹下由三顆石頭疊起，並且為附近居
民祭祀的田頭土地公，後來有一天大樹倒下，居民希望讓土地公可以有個安身立
命的家，因而集資蓋廟，沒想到，開挖地基時，挖出一尊孔子金身，當時土地公

的金身還在雕刻當中，居民認為是孔子神像先居住於此，不應該把他趕走，因此就放在廟中一起祭祀，據里長口述，由於廟宇距離國家教育研究院非常近，國教院是全臺學校主任及校長受訓的地方，因此有些人在考試前會到此廟來祭祀，據說非常靈驗，只是在九二一地震過後，此地受損嚴重，許多住戶因而搬遷，祭祀的信徒越來越少，從前還能夠擲筊決定誰為頭家爐主，但是因祭祀的人變少後，在擲筊時，土地公總是笑笑不語，因此近年來爐主便一直沒有更換過。

（Ａ）廟中除了土地公及土地婆外，尚祭祀孔子神像

圖 81　孔福祠

六、民國 90 年代至今

在田野調查的過程中，發現許多土地公廟的沿革無法延續的原因，除了具地域性，鮮為外人所知，隨著都市計劃的擴張，不斷開闢道路，讓許多土地公廟讓道而遷移，有些土地公因而無處可去，進而與其他土地公廟合併，因此，我們得以在有些土地公廟中看到不止一尊的土地公神像，或是更名為「雙福祠」的土地公廟，皆因此原因而成立，民國 60 年代豐原開闢圓環道路，民國 90 年代豐原開闢豐原大道，皆有許多土地公廟因此而搬遷，也有許多地方的土地公廟正在興建，在都市計畫下，廟宇儘管建立已久，也必須要讓道搬遷，但地方民眾依然感謝土地公的付出，通常都會自發性的捐款，給土地公一個新家，儘管是到了 2019 年的今天，豐原仍然有新的土地公廟不斷在興建中，可見土地公對於守護地方的重要。

（一）六合福德宮

據游振昇於 2010 年 3 月 11 日聯合報上之報導〔註 7〕，土地公廟應有百年歷史，六合福德祠原為永豐餘紙廠內的福德祠，因永豐餘在民國 40 年代左右不斷購地擴廠，而併入永豐餘的廠區內，據當地詹姓居民回憶，於父親死前，曾交代遺言表示「他的時間已到，若現在馬上離開，便能留在此地，不然不知要等到何時，且輪到何地」，沒多久，六合福德祠便因永豐餘的擴廠計畫，而搬至詹家附近，讓詹先生深信是父親被派駐至土地公廟擔任土地公，守護當地，於民國 88 年後，永豐餘紙廠搬離此地，土地公廟因而無人祭祀，荒廢已久，於民國 92 年左右，才有居民表示土地公託夢，希望能協助恢復香火，並由居民協助，於民國 95 年重新建祠，取名六合福德祠，六合象徵意義為同心合力擁護土地公，也期許信眾能同心合力，為家庭、為社會更為國家盡一份自己的心力與行動，由於土地公的「感應之說」聲名遠播，再加上曾有民眾擲出「立筊」〔註 8〕，被認為是好兆頭，從此參拜的民眾絡繹不絕，香火鼎盛，在廟中可以求到招財錢母以及平安招財米，因得到土地公保佑而發財的人會還願回饋給土地公，由於信徒眾多，土地公的收入頗豐，有從全臺各地的捐款，也因此重新購買了土地，遷出永豐餘紙廠，目前坐落於東湳里豐原大道旁。

〔註 7〕游振昇（2010.03.11），神跡＋遺言 他日日拜土地公，聯合新聞網，B2 版。
〔註 8〕游振昇（2006.11.25），擲筊立杯 眾人稱奇，聯合新聞網，C2 版。

圖82 六合福德宮

　　透過時間分析，我們能發現土地公廟的建立，與人民的心理狀態和經濟狀況有極大關聯，戰後的不安定讓人民對信仰更加依賴，在文中能發現有人許願若參戰平安歸來便協助建廟，在人民的不安、恐懼中，宗教信仰提供了安撫人心的力量，可惜的是光復初期，人民的生活困苦，無法為田頭土地公翻修，直到民國50年代、60年代後，臺灣的經濟起飛，人民經濟狀況改善，開始為土地公興建廟宇，來答謝土地公的照顧，雖然在調查中有許多無法得知確切年代的土地公廟被本研究列為年代不詳，但是在訪談的過程中，當地居民多表示土地公廟的年代久遠，至少50到60年以上的歷史，因此本研究大膽推測多為此時期建廟，原本屬於私人祭祀的田頭田尾土地公，也漸漸有了小廟，有了安身立命的地方，也隨著行政區域的劃分，豐原的里從原本的28里，在民國65年後，變成現在的36里，地方居民認為各里應該要有屬於自己的土地公廟，許多以里名命名的福德祠便是在這個時期所建立。然而，也隨著豐原的都市發展趨於飽和，聚落的開發早已接近完善，土地公廟的新建趨緩，唯有地區發生重大改變時，例如：天災破壞或是道路開闢，才可能新建土地公廟，目前豐原地區多數的土地公廟多為戰後建立。

第二節　空間分布

表 8　各里福德祠增加數量變化

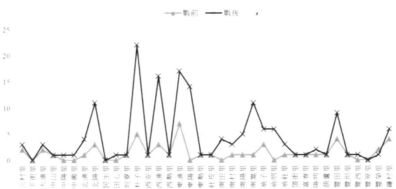

資料來源：本研究田野調查資料整理。

　　從表 8 中我們能發現，土地公廟增加數量最多的前五名分別為：朴子里、東陽里、西湳里、東湳里、南嵩里，在戰後，皆以超過十間的數量遽增，圖 83 圖為戰後福德祠增加數量的面量圖，我們能發現此五里的空間分布。

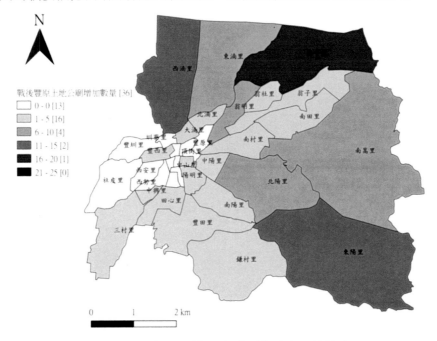

圖 83　戰後福德祠增加數量之面量圖

　　由圖 83 中可以發現戰後土地公廟增加最多的五個里皆位於豐原的外圍地區，而市中心區域多呈現空白，戰後無再增加土地公廟，透過圖 83，我們可以驗證豐原地區的開發順序，從市中心始，擴散到周圍，葫蘆墩街地區基本上在清朝時期就有土地公廟的紀錄，在日治時期則未見有新增土地公廟，反而是向外圍擴散，直至戰後，大量新增土地公廟的區域多位於豐原及其他鄉鎮市區相鄰的地區，也就是豐原較晚開發的地區，而這些地區還有另一個特色，就是地廣人稀，這些里的面積較市區的里大很多，且人口較少，據 108 年豐原區各里人口密度資料（如表 9），我們可以發現這五里恰巧分別為人口密度最低的前五名，由於人口較為分散，因此為求祭祀方便，每隔幾鄰可能就會新建一座土地公廟，供附近民眾祭祀使用，而劃分成很多小區域，各個區域又有屬於自己的土地公廟。

表 9　108 年豐原區各里人口密度統計

編號	村里名稱	人口數	人口密度（人／公頃）	編號	村里名稱	人口數	人口密度（人／公頃）
1	東陽里	1859	2.85	19	北湳里	3380	120.02
2	南嵩里	3970	5.32	20	圳寮里	1451	126.35
3	東湳里	1809	6.33	21	田心里	7438	131.14
4	西湳里	2722	9.31	22	中山里	1013	132.24
5	朴子里	3940	11.83	23	豐榮里	1298	138.55
6	鎌村里	5610	19.31	24	豐原里	2640	141.48
7	翁子里	3485	29.58	25	下街里	868	154.62
8	南田里	3788	33.08	26	大湳里	2957	161.33
9	翁明里	2530	39.18	27	頂街里	1037	164.75
10	三村里	7598	51.22	28	南陽里	13728	165.16
11	翁社里	2448	59.42	29	葫蘆里	754	171.41
12	北陽里	16233	64.68	30	中陽里	6836	196.13
13	豐田里	12283	73.27	31	民生里	1434	199.72
14	南村里	6449	79.05	32	西安里	6124	204.58
15	豐西里	1831	83.93	33	富春里	858	244.43
16	豐圳里	3888	84.48	34	中興里	3493	245.19
17	陽明里	3482	109.84	35	西勢里	11059	495.63
18	社皮里	11879	115.06	36	東勢里	4900	521.37

資料來源：整理自戶政事務所。

其中，此五里的土地公廟增加也與地方產業結構有關係，在農業社會，人們與土地的關係較為緊密，對於土地公作為農業神的依賴，也較深，根據全國土地使用分區，西湳里、東湳里、朴子里多為農業用地，從農人口較其他區域多，而南嵩里、東陽里多為山坡地保育區，以種植果樹為主，因此在這些里我們也能發現整體土地公廟的數量較多，關於土地公廟的事蹟也多與農業有關。

（一）吉祥福德祠

據當地居民口述，由於民眾在田裡工作時，被蛇咬傷，相傳蛇為土地公的兵將之一，於第二章也介紹了許多土地公與蛇的傳說，地方居民深信，因而在田中供奉土地公，協助守護民眾，後來在民國76年又重新整修，目前由附近居民輪流打掃。

圖84　吉祥福德祠

（二）福德祠（豐工路西側）

年代已久，土地公與土地婆頭上為雕刻的員外帽，並未額外製作冠帽，地方人士感念土地公照顧地方，捐獻奉帽給土地公，讓土地公戴在頭上得以防風，有別於其他地方的土地公，據當地魏姓居民說法，只要聽說有孩子不孝順父母，土地公就會託夢告誡他，除此之外，只要誠心祭拜，有求必應。

（A）土地公及土地婆頭戴奉帽

圖85　福德祠（豐工路西側）

（三）後壁厝福德祠

年代久遠，但不可考，位於田中央的土地公廟，據東湳里長口述，早期為石頭公，來此地開墾的人在初二、十六時，會做牙祭拜，後來附近居民加入，變成守護附近田地的田頭土地公，約為民國60年左右改建整修。

圖 86　後壁厝福德祠

（四）林家庄福德祠

　　林家庄舊地名為番仔園，位於土牛番界後，原本為平埔族的聚居地，後來林姓一家移入，此地多為林姓居民，因而被稱為林家庄，此福德祠面向山林，代表的是守護山林的山神土地公。

（Ａ）土地公廟面向山壁

圖 87　林家庄福德祠

（五）山神土地公

　　東陽里保有山神土地公的祭祀，據東陽里休閒產業發展協會調查，約有40 多家，大多位於年代悠久的大樹下，為三顆石頭疊起的石棚式，由地主祭祀，偶有附近居民會祭拜，祈求山神土地公保佑果樹豐收、無災損，也祈求入山工作平安，後有些許土地公廟翻修為磚造或石製小祠，內無石牌，亦無土地公的金身，僅在牆上貼上福字春聯，據研究者推測，附近居民對土地公廟的改建可能仿似石棚，讓香爐可遮風避雨，因此無石牌亦無金身，畢竟神來自於無形。

圖88　東陽里山神土地公（僅列部分）

（六）公老坪福德祠

　　公老坪的開墾紀錄於咸豐年間已有，因一老翁自此地開墾而得名，而此地為河階地形，故取名「坪」字〔註9〕，據當地居民口述，此福德祠原本在河對面的山上，因山上居民近年來大多搬離，才遷移至此，興建於民國73年，但廟中有一個刻有福德正神香位的香爐，年代應該相當久遠，且根據刻字，推測設立此土地公廟的應為客家人，寺廟很有規模，頗受地方民眾信賴。

〔註9〕張伯鋒、張聖翎、黃兆毅、巫宜娟、鄭吉成（2006），《臺灣地名辭書，卷十二，臺中縣（一）》，南投市：臺灣文獻館。

（A）寫著「福德正神香位」的
　　石製香爐，為客家聚落特色

圖89　公老坪福德祠

（七）福德祠（朋勤公司後方）

據地主口述，從前附近整片都是田地，草長的很高，地主有次在除草時，砍到東西，隱約看到一位白衣老者，經轉述後，居民認為應是土地公，因此就在此建廟，此土地公相當靈驗，有次地主養的鴿子遮擋住土地公的香爐，土地公因而託夢給他的孩子，地主以擲筊方式詢問土地公是否因鴿子的緣故，而託夢交代孩子，土地公答是，地主趕緊把鴿子移走，孩子才能好好入睡。

（A）小祠內祭祀「福德正神」神位牌

圖90　福德祠（朋勤公司後方）

（八）352 巷福德祠

位於路旁，簡易的福德小祠，內為一顆石頭，上面刻有福德正神字樣，據當地居民說法，年代相當久遠，非常靈驗。

（Ａ）寫有「福德正神」字樣的石頭

圖 91　352 巷福德祠

（九）上角潭福德祠

位於鎮湳宮前方，葫蘆墩圳轉彎處，於民國60年重修，廟中有土地公及土地婆神像各一，其中土地公手持拂塵，有別於一般土地公，廟內於左邊地上供奉虎爺，是豐原唯一有供奉虎爺的土地公廟，相傳老虎為土地公的坐騎，因此在部分土地公廟中，會配祀虎爺於桌下或角落，虎爺具保護孩子或叼來財寶的功能[註10]，但在田野調查的過程中，並未訪談到附近有相關傳說。

（A）豐原唯一祭祀虎爺的福德祠

圖92　上角潭福德祠

[註10] 王健旺（2003），《臺灣的土地公》，臺北縣新店市：遠足文化，頁98。

　　土地公最早的定位就是農業的守護神，儘管許多地方已不再耕種，但是在豐原這些土地公廟快速增加的區域，我們仍然可以發現土地公作為農業神的象徵仍相當強烈，這些地區的土地公多位於農田旁邊一棵大樹下，在田野調查的過程中，訪談的對象多為樹下長者，或是在土地公廟旁田地耕種的農人，他們總是笑呵呵的回答著保佑豐收，甚至是有求必應，生活中的各種瑣事、糟心事，甚至是任何困擾，例如：找不到東西、家中遭小偷、兒女的姻緣、不孕……等，都可以向土地公報告，而且一定能得到解決，在黃俊傑《臺灣戰後的轉型及期望》中提到農民價值取向的變遷，裡面提到 1950 年代的臺灣，農民對土地有強烈的認同，但是到了 1970 年代以後，農業變得世俗化，土地也變得商品化，但本研究認為透過這五里的人民對於土地公廟的態度可以發現他們仍像農業社會時期一般，對土地有強烈的認同，對土地神有強烈依賴，而讓土地公廟的數量不斷增加，而土地公廟也成為這些長者社交的重要場所。

　　隨著豐原區的經濟發展，開發逐漸飽和，豐原經過兩百多年的開發後，為土地公信仰留下了多元的文化，從葫蘆墩圳開始，看到水圳對豐原的重要性，至今，人們仍相信葫蘆墩圳是豐原的龍脈，到日治時期為了與政策抗衡，豐原人用了各種方式試圖保有自己原有的信仰文化，到現代進入工商業社會後，土地公仍扮演了重要的角色，各種靈驗的傳說為土地公增添了不少神秘的色彩。

第五章　豐原土地公信仰的發展與轉變

　　從第一章到第四章，介紹了全豐原大大小小的土地公廟，從閩客、從歷史、從地理、從建築、從神像……等各種角度，我們能認識到豐原土地公廟的多元性，漢人在清朝時進入豐原至今兩百餘年的歷史，在這兩百多年間，不只豐原人民的產業結構改變，在經歷歷史的變化後，對於土地公的信仰也產生重大的質變，甚至是由於土地公廟的規模改變，也衍生出廟宇組織的變化。

　　本節將分成四部分進行探討，首先，先對豐原土地公信仰做初步的統整及概述，第一部分探討豐原土地公與聚落的關係，清朝年間漢人進入豐原開闢貓霧捒圳，灌溉臺中地區的土地，也帶來土地公信仰，當時進入豐原的人很多，不只是平埔族，還有客家人、閩南人……等，據許世融調查，豐原自清末以來即處於閩客分界上，但是在現今的豐原卻鮮少能看見客家人生活的痕跡，閩客對於土地公信仰上，有些微差距，因此我們除了從土地公廟建廟的時間來看豐原各個聚落的開發外，是否能從土地公信仰中，找到閩南人或客家人生活的痕跡？並發現閩客文化在此交流後，產生何種激盪？

　　第二部分將談到豐原土地公信仰在時間的變遷下，原本依賴土地維生的農民，已不再依賴土地，土地公的功能也有所轉變，與原本漢人傳統的信仰有所差異？這樣的改變伴隨什麼樣的文化意涵？

　　第三部分將談到土地公廟與社區間的互動關係，隨著人們對於發財的念頭，宗教信仰逐漸功利化，在大家樂時期，許多土地公廟大紅大紫了一番，但是隨著信徒增加，土地公廟的管理已不僅止於鄰里之間的互助，更有許多來自各地信徒的捐獻，為表財務透明化，而衍生出管理委員會來協助管理，

而寺廟與居民的互動上將會有什麼樣的轉變？透過以上三部分了解豐原土地公信仰的發展過程以及轉變。

第一節　豐原土地公與族群聚落關係

　　在多項研究中，都能發現土地公廟的出現，對聚落的形成來說是一大指標，不同聚落有不同的歷史文化，因此建立的土地公廟特色，也會有所不同，最早到達豐原開墾的張達京為客家人，並且帶來為數不少的客家人在此定居，但是在移墾社會中，漢人因地廣而勞力不足的情形下，無論閩粵漳泉各籍人士，同姓與否，皆能協力合作開墾事業，唯當利益衝突引發時，同鄉與同姓的凝聚力又高於漢移民意識〔註11〕。隨著葫蘆墩圳的完工，水力設施的完備加快了豐原的開墾速度，大約在乾隆年間，已開墾大半的土地，然而，隨著移入的人口不斷增加，可耕地減少，因此人與人之間的利益衝突漸長，在豐原也發生過幾次械鬥，例如：1844 年發生漳粵械鬥、1851 年漳泉械鬥……等，但是在這幾次的械鬥中，客家人逐漸趨於弱勢，而往石岡、東勢一帶的近山丘陵移動，儘管仍有部分客家人留在豐原，但也隨著與閩南文化的接觸，逐漸福佬化，而成了僅會講閩南話，不會客家話的客家人，1963 年民俗學者林衡道將這群人稱之為福佬客。

　　客家人與閩南人有了更密切的接觸後，在福佬化的過程中，將閩南文化融入了自己的信仰之中，雖然新建立的廟宇多已無法精確地分辨究竟是閩南文化或是客家文化，但是年代較久遠的廟宇中，仍留有部分先民文化生活的痕跡，針對閩客土地公信仰的差異，做以下表格整理：

表 10　閩南及客家土地公廟之差異比較

	閩南人	客家人
稱呼	土地公、土治公伯	伯公、福神
建築	翹脊燕尾之飛簷式寺廟	翹脊燕尾之飛簷式寺廟，廟後方多有石頭或水泥化胎
神位牌	福德正神	福德正神香位、福德正神神位
陪祀神	無明顯特色	龍神

資料來源：本研究整理。

〔註11〕清・周鍾瑄（1993），《諸羅縣志》，南投：臺灣省文獻委員會，頁 145。

　　豐原自古以來地處閩客分界，儘管無法精確定出一條實際的閩客分界線，但是仍可依日治時期所作《臺灣在籍漢民族鄉貫別調查》來進行簡單分類，依許世融調查豐原地區的客家優勢區大致上位於大湳庄、翁仔庄、上南坑庄、下南坑庄、烏牛欄庄、鐮仔坑口庄、朴子庄等七庄，其餘則為閩南優勢聚落，依目前行政區域劃分整理為下表：

表 11　豐原區行政劃分變遷表

清代	日治時期		民國 50 年	民國 70 年	閩／客
臺灣縣	臺中廳	臺中州	臺中縣	臺中縣	
揀東上堡 街庄名	葫蘆墩支廳 街庄名	豐原街 街庄名	豐原鎮 里名	豐原區 里名	
葫蘆墩街	葫蘆墩街	葫蘆墩	下街里	下街里	閩
			中山里	中山里	
			頂街里	頂街里	
			富春里	富春里	
			葫蘆里	葫蘆里	
			豐西里	豐西里	
			豐原里	豐原里	
			豐榮里	豐榮里	
			西勢里	西安里	
				西勢里	
			東勢里	東勢里	
				民生里	
上圳藔庄	圳藔庄	圳寮	圳寮里	圳寮里	
下圳藔庄				豐圳里	
溝仔墘庄	車路墘庄	車路墘	三村里	三村里	
車路墘庄				中興里	
社皮庄	社皮庄	社皮	社皮里	社皮里	
大湳庄	大湳庄	大湳	大湳里	大湳里	客
				北湳里	
			東湳里	東湳里	
			西湳里	西湳里	

下南坑庄	下南坑庄	下南坑	北陽里	北陽里	
				中陽里	
			東陽里	東陽里	
			南陽里	南陽里	
				陽明里	
鐮仔坑口庄	鐮仔坑口庄	鐮仔坑口	鐮村里	鐮村里	
烏牛欄庄	烏牛欄庄	烏牛欄	田心里	田心里	
田心仔庄				豐田里	
上南坑庄	上南坑庄	上南坑	南村里	南村里	
			南田里	南田里	
			南嵩里	南嵩里	
翁仔社庄	翁子庄	翁子	翁子里	翁子里	
			翁社里	翁社里	
			翁明里	翁明里	
樸仔口庄	朴子口庄	朴子口	朴子里	朴子里	

資料來源：修改自豐原市志、許世融（2014）

一、閩南聚落

以日治時期的籍貫調查來說，閩南聚落包含葫蘆墩街、圳寮庄、車路墘庄以及社皮庄，有趣的是，最早進入豐原開發的人是張達京，帶來了大量的客家人，最早在圳寮庄、葫蘆墩街……等地開發，但是到了日治時期，這些地區卻變成了閩南聚落，在賴志彰《臺中縣街市發展：豐原、大甲、內埔、大里》一書中也多次提到，葫蘆墩街中頂街是泉州移民的聚集地，下街則為漳州移民的聚集地〔註1〕，無論是泉州或漳州，皆為閩南人而非客家人。

在閩南聚落中的土地公廟與客家聚落的土地公廟最大的分別就屬化胎的有無，在閩南聚落的廟宇中，是沒有化胎的，化胎僅出現在客家聚落的土地公廟中，其餘特色較難以分辨，因為並非所有廟宇皆有神位牌的存在，但仍然有部分廟宇尚存，例如：豐圳里福德祠、三村里福德祠、西勢里福德祠……等，後方的神位牌皆寫著「福德正神」，便是閩南聚落土地公廟的特色。

〔註1〕賴志彰（1997），《臺中縣街市發展：豐原、大甲、內埔、大里》，臺中縣：臺中縣立文化中心。

圖 93　閩南聚落土地公廟神位牌

二、客家聚落

　　閩客文化在信仰上有極大的差異，例如：在稱呼上，閩南人稱土地公，而客家人卻稱之伯公或是福神，將土地公以自己的親戚（伯公）稱呼，來表示他與自己的親近，另外，也會稱土地公為「福神」，特別的是在豐田里有一座土地公廟直接就以「福神」命名，可見當初建祠時，此地應多為客家人。

圖 94　客家聚落的福神祠

　　閩南和客家在廟宇建築上並無明顯的差異，只是廟後方多有石頭疊成或水泥制的半月形土丘，稱之為化胎，客家人認為化胎就像是靠山一樣，客家建築的化胎承接祖先龍脈，並將龍脈之生氣以「土地龍神」的祭拜〔註2〕，因此在客家土地公廟的後方也都有化胎，在翁社里的公頂福德祠則特別在廟前祭祀龍神。

圖95　客家聚落廟宇後方的半月形化胎

圖96　客家聚落土地公廟前祭祀的龍神

〔註2〕曾喜城（2003），《臺灣六堆客家傳統建築與風水關係之研究》，臺北市：行政院客家委員會。

在廟宇中，客家人最早對土地公的祭祀只有立「神位」〔註3〕，上面多為「福德正神香位」或「福德正神座位」，是受到閩南人的影響才開始祭祀神像，因此在部分客家優勢區的土地公廟中，仍可看見神位牌的蹤跡，甚至是有寫著「福德正神香位」的香爐，這些都為客家土地公廟的元素。

圖 97　客家聚落土地公廟神位牌

然而，隨著閩客文化交流的時間漸長，閩客聚落已不太有明顯的區別，在田野調查的過程中，曾在幾次的訪談聽聞當地居民以閩南語稱土地公為伯公，但是進一步詢問是否為客家人時？居民又否認，表示自己為閩南人，但是他們當地居民都稱土地公為伯公，由此可見客家人已隨著時間的流逝，讓他們對於自己的文化認同趨於閩南，甚至完全福佬化，研究者的母親也表示自己為閩南人，但是傳承下來的祖譜寫著祖先來自廣東省潮州大埔縣，一個耳熟能詳的客家庄，只是在幾代過後，早已不會說客語，甚至也忘了自己是客家人，真是令人不勝唏噓，在田野調查的過程中也發現，部分客家優勢區的土地公廟，也出現僅刻著「福德正神」的神位牌，甚至是閩南聚落的土地

公廟可能也會有化胎，由此可見以表10來斷定是否為閩/客聚落，已不太公允，在豐原的客家人多已成為福佬客，只是我們仍可在在許多生活細節上，對原有的閩南或客家文化窺知一二。

第二節　豐原土地公信仰之民俗的轉變

從前，在農業社會時期，人們不像現代人如此忙碌，生活的重心除了農活，便是各種歲時祭儀，當有祭典之時，是家家戶戶最為忙碌的時候，除了準備供品之外，許多的慶典也是全村的人一起參加，從前在鄉下生活時，只要村中寺廟的慶典一到，男生準備扛轎以及各種陣頭，女生則準備各種供品，例如：搓湯圓、製作各式粿品……等，家家戶戶都需動員，但是這樣的景象在現代社會中卻越發少見，不只是各式慶典，甚至是逢年過節的氣氛也逐漸降低，並非大家對於信仰已不再重視，而是在忙碌的現代社會中，工時較長，許多人就算想參與也是心有餘而力不足，在豐原地區有許多風俗，也隨著參與的人減少而逐漸凋零當中。

隨著時間的變遷，原本仰賴土地維生的農民已不再依賴土地，土地公的功能也不能僅限於田頭田尾土地公，更多的轉變成有求必應的地方守護神，本研究擬分成兩部分進行探討，第一部分為歲時祭儀的變化，第二部分為風俗習慣的轉變，了解在時間的變遷之下，伴隨著什麼樣的改變？而這些改變又代表了什麼文化意涵？

一、歲時祭儀的變化

對土地公信仰而言，以前除了每日有輪值香牌，輪到的首事必須要去廟中清潔祭祀之外，還有三大重要的慶典，分別為：二月初二日頭牙、八月十五日中秋節及十二月十六日尾牙，在這三大節日中，人們除了準備供品祭祀外，可能還會舉辦吃福會、吃平安湯圓、誦經來祈求平安，甚至會有人捐獻為土地公作戲來感謝土地公的保佑。

圖98　土地公廟輪值香牌

　　隨著現代人忙碌的生活，祭祀活動也有所改變，在時間許可之下，許多商家仍保有每月初二、十六至土地公廟祭拜的習慣，但是供品的準備就不同以往的隆重，多準備土地公喜愛的甜食，而非以往的三牲四果，甚至儀式也不斷的簡化，大部分中大型的廟宇在這三大重要的慶典中會請誦經團來誦經，並由負責人準備三牲四果帶領大家團拜，但是在田野調查的過程中發現，部分市區的廟宇，已取消誦經或團拜的儀式，僅由居民各自前往祭祀，甚至在土地公生日這天，研究者在土地公廟中遇到環保局的稽查人員，因附近居民檢舉土地公廟誦經的聲音過大，令他們不堪其擾，種種原因讓廟宇的祭祀儀式逐漸從簡，但是也有些土地公廟的信眾仍然按部就班的依照古禮完成儀式，在東湳里的將寮福德祠，因土地公相當靈驗，附近居民在中秋節會殺豬慶賀，實屬罕見。

　　居民至土地公廟祭拜，多希望土地公能保佑家人平安健康，在重要節日的祭祀後，廟方會準備壽麵、平安圓或麵龜……等物品供信眾索取，帶回家分食，以期保佑平安，從前這些物品是由社區的婦女們在祭祀活動前一天一

起準備，除了貢獻己力之外，也可以聯絡社區媽媽們的感情，但是現在大多至商店購買，並聘請專業人士來協助，若非向心力十足的社區，也難以召集足夠人手來協助。

在土地公重要的日子裡，為了感謝土地公地付出，有人會捐錢作戲給土地公看，但是現在在市區也極為少見，從前的娛樂較少，看戲是人們很重要的休閒，當有人捐錢作戲時，臺下往往擠滿了觀眾，而現今的觀眾大概就剩下土地公一人，從前翁明里的福德祠（梁式）在每年的中秋節會連續三天放映電影給土地公看，捐錢作戲的人會通知附近居民來看電影，看電影的同時還會發放零用錢和糖果給孩子，這曾是研究者小時候最期待的中秋節活動，可惜這樣的榮景早已不見。

圖 99　大街尾福德祠作戲

二、風俗習慣的轉變

不只是儀式的簡化，許多風俗習慣也隨著時間而改變，從前為了向土地公乞平安，需要擲筊，得到土地公許可後，才能把象徵平安的麵龜帶回家，一年之後必須要還願，然而，隨著參與人數的多寡，會影響儀式舉行的時間，過於冗長的流程，也會讓參與的人減少，豐原地區大部分的土地公廟多已取

消乞平安的擲筊儀式，而是透過添香油錢，就直接可以得到，一年後也不需要再回來還願，但也有部分廟宇仍維持傳統，例如：翁子百年福德祠在每年中秋會舉辦乞龜擲筊的活動、坑口福德祠則在尾牙這天舉辦擲平安柑的活動，乞平安是土地公重要的功能，但是隨著土地公信仰的功利化，許多廟宇推出借發財金的活動，比起乞平安，借發財金更受信徒重視，由此我們能看出古時農業社會，看天吃飯，我們沒辦法預測天災的來臨，只好乞求神明保佑，天災少，人們自然平安，收成好，人們就能賺到錢，然而，在現代社會中，人們對於賺錢的渴望亙古不變，再加上在彩券時期的種種傳說，讓人們相信向土地公借得發財金當作錢母，可以讓人致富，也因此借發財金的活動在各廟宇中蓬勃發展。

圖 100　翁子里百年福德祠中秋節乞龜活動

　　無論廟宇舉辦何種活動，都需要錢以及人力的支持，從前以廟宇為中心，號召人民參與活動，一方面是宗教的力量，另一方面亦聯絡社區人民的感情，故從前在祭祀過後會舉辦吃福會，將供品分送給村民，也象徵將土地公的福

氣分給大家，以前豐原鐮村里舉辦吃福會時，是將供品烹飪過後，村民們搬來自家桌椅，端來自家碗盤，一起在土地公廟吃飯，相當熱鬧，而現在大部分的吃福會多承包給餐廳來協助，少了大家一起準備的團結氛圍，在田野調查的過程中發現，地點位在市中心的土地公廟，吃福會次數較少，而越外圍的土地公廟，吃福會的次數越多，東湳里的樹林土地公廟甚至每個月都有吃福會，廟方也坦承，希望藉此維繫居民感情。

為了讓社區產生向心力，各里的里長絞盡腦汁，儘管一般的土地公祭祀圈較小，大部分並無自己的遶境活動，但是翁社里在每年元宵節時，會有土地公遶境，據居民說法已有數百年的歷史，有一說是因為里民丘逢甲高中進士的慶祝活動，但是根據地方文史工作者的調查，在邱氏族譜中所記載的土地公遶境時間比丘逢甲中進士的時間更早，翁社里的土地公遶境比過年更像是團圓的日子，元宵節這天里民幾乎都會想辦法排除萬難，回到家鄉一起慶賀，前有官將首趨吉避凶，後有里中所有土地公一同出巡，陣頭走過村莊中每一條路、每一戶人家，保佑家家戶戶的平安，而孩子們則會舉著燈籠，跟在陣頭後面，一起遶境，通常在晚上六點從村莊信仰中心萬年宮出發，最晚曾經晚上十一點才回到萬年宮，由此可知聲勢浩大，但是也隨著參與廟宇活動的人越來越少，往年團圓的氣氛以及榮景不再，儘管如此，翁社里的土地公遶境，仍然是他們歷史悠久的重要節日。

圖 101　翁社里元宵節百年福德遶境

　　東湳里由於里中土地公廟數量極多，再加上農村再生計畫，里長任內發起「福德派對遶境慶典」，或許沒有歷史倚仗，但是也成功串起了里民的向心力，號召許多里民共同參與，在每年中秋節前夕集合里中所有土地公，共同遶境至全里的土地公廟，而一年一度的福德派對也成了里民每年期待的活動。

圖 102　東湳里中秋節福德派對遶境盛典

　　在都市社會中，人與人的關係逐漸疏離，也反映在宗教信仰中，參與廟中活動的人逐漸減少，也讓廟宇的活動不斷簡化，甚至是取消，或許再過幾年，孩子們已經不知道什麼叫作戲？為什麼要擲筊乞平安？在這些廟宇活動中，參與的年輕人很少，大部分仍然是當地較年長的居民在維持，甚少有年輕人關心，當文化不再是生活的一部分時，他可能就會消失，風俗習慣隨著時間修正，傳統宗教信仰文化可能會消失，而人們也忘記他曾經是我們生活中重要的一部分，甚至是文化的根本。

第三節　宮廟組織與活動的轉變

　　土地公的神格較低，角色很像現今的里長伯，要處理居民生活上的各種疑難雜症，和居民的關係相當密切，在林美容的研究中表示，從土地公廟可以看出聚落內人群組織與活動的樣貌，因此，本研究擬從以下兩點來看土地

公信仰對居民而言，隨著時間產生了什麼質變：

一、寺廟管理組織的成立

在土地公信仰中，最初多為田頭土地公，負責人是地主，若當地土地公無特殊神蹟，祭祀圈通常較小，隨著祭祀的人越多，也多為附近居民，因此衍生出香牌輪值的方式，每天都有負責人必須到廟裡祭祀、清潔，並將輪值表寫在香牌上，結束輪值的人要負責將香牌傳遞至下家，輪到的人手中則會握有香牌，鄰里間互相幫助，這樣的管理方式，使用了很長一段時間，現在有許多規模較小的土地公廟，仍然是用這種方式，只是已無香牌的傳遞，有些土地公廟則是透過頭家爐主來為土地公服務，無論是成為爐主或是輪值的首事，他們都必須要為土地公出錢出力，透過比其他人更多的付出，期望土地公能特別關照自己，許多當過爐主的人都認為相當靈驗，爭先恐後想要為土地公服務，以至於後來必須要透過擲筊的儀式來決定誰可以成為爐主。

在古時，寺廟的財源大部分來自於收丁口錢，丁是男丁，口是女性。傳統社會中的祭祀以庄社為單位，原則上家家戶戶都要納入祭祀組織當中，各家的大家長代表參加頭家爐主的選拔，共同分擔祭祀工作，而祭祀費用則依家戶中丁口的數量計算，但是收丁口錢費時又費力，因此現代已較少見〔註4〕，本研究在豐原地區並未調查到有土地公廟收丁口錢，大部分都改以緣金的方式，隨個人心意捐獻，然而，為了維持廟宇的維修與運作，土地公廟需要經手的錢越來越多，為了避免帳目不清而引發爭議，各個土地公廟開始成立管理委員會，有些土地公廟有了管理委員會後，便取消爐主的選拔，但是有些土地公廟則是兩者並行，無論是誰，都是為土地公服務，但是由於管理委員會的組成人數較多，規模也較大，因此可以做到的事情更多。

在東湳里樹林福德祠中，雖然無管理委員會，但是具有十二輪值首事，平時聘請廟公協助廟中事務，十二首事則負責輪值每個月的吃福會，並於東湳里土地公慶典時，協助土地公遶境；坑口福神祠的管理委員會則會負責每年度點燈、團拜誦經、擲平安柑、吃福會、里民出遊聯誼，甚至是提供里民急難救助金，只要有需要的人皆可向管理委員會提出申請，土地公廟透過各種活動，維繫里民間的情感，也用實質的幫助讓里民可以在這塊土地上安居樂業。

〔註4〕林美容（1993），《臺灣人的社會與信仰》，臺北：自立晚報出版社，頁178。

二、寺廟與聚落的互動

　　各家土地公廟，除了廟中祭祀相關物外，各家土地公廟幾乎都有一個共通點「椅子」，可以讓一群人坐著休息聊天的地方，除了土地公廟外，在其他廟宇中不易看見，甚至有許多土地公廟還有桌子、茶具、棋具，下午時分經常會看見長者坐在椅子上聊天，這也成為訪談的最佳時機。

圖 103　福德祠旁大樹下聚集聊天的長者

　　因為土地公的親人特性，也或許是因為土地公廟通常沒有嚴謹的管理組織，而讓人可以輕鬆悠閒的待在土地公廟，從前農業社會時，若農忙之餘得空，民眾會聚在一起聊天，土地公廟旁通常伴隨著大樹，也成了聊天的最佳場所，家中長者亦是如此，至今每天都要到土地公廟中一坐，直到飯點才肯回家，因為土地公廟這樣的特性，以至於後來有許多土地公廟與社區活動中心結合，甚至是土地公廟前會有大廣場，供村里舉辦各種活動使用，土地公廟中的設備也越來越齊全，除了茶具、棋具外，電視、唱歌設備都隨之出現，讓民眾與土地公一起同樂。

　　然而，在田野調查中，本研究發現隨著土地公提供的服務越多，常有管理委員表示僅靠香油錢並不能維持土地公廟的運作，許多土地公廟年久失修，需要修繕卻苦無經費，在管理委員會剛成立時，管理委員需要絞盡腦汁籌錢來維持土地公廟的運作，因此管理委員會需要舉辦各種活動，期望能幫土地公廟增添經費，坑口福神祠的管理委員表示，最初他接下福神祠的時候，經費真的非常拮据，直到他靈機一動，用點平安燈的方式增加財源，除了保佑大家平安外，也讓大家捐獻一些錢，到現在靠著平安燈的收入頗豐，應該要拿這些錢為里民做一些事，因此增設了急難救助金，豐原地區有許多土地公廟的管理委員都來向他取經，協助地方土地公廟的經營，土地公廟與聚落的關係也產生了有趣的循環，原本該是土地公廟的建立，拉起了居民間的向心力，但卻也因為土地公廟辦理很多的活動，讓他得以繼續運行下去，土地公廟和人民之間有著相浮相沉的關係。

圖 104　可以點平安燈的福德祠

　　隨著產業結構的改變，儘管人民與土地的連結較不密切，卻未斷了與農業神土地公的連結，而是讓土地公提供的服務也跟著改變，由此我們能看出土地公在居民心中的地位是不變的，或許，在這忙碌的工商業社會中，要再

看到土地公廟旁的大樹下，有民眾聚集聊天已經是相當不容易的事情，但是重要的慶典一到，仍然有著絡繹不絕的人群前往土地公廟祭祀，人們與土地公保持著看似若有似無的關係，儘管忙碌的沒有辦法時常參與土地公廟的祭祀活動，但人們仍將土地公放在心中，也透過土地公廟舉辦的各種活動，在時間許可之下，盡可能的參與，也維繫自己與土地公的關係。

第六章　結　論

　　豐原，是一座發展歷史悠久的城市，在這幾百年間，停留在此的人們在城市的各個角落留下他們曾經生活過的痕跡，透過對宗教信仰的虔誠，寺廟中保留歷史的軌跡，本文以田野調查的方式，綜觀豐原土地公信仰，收羅全豐原大大小小的土地公廟進行分析，歸納出以下幾點來做為豐原多元土地公信仰的回應：

一、開發歷史悠久的積累讓土地公信仰多元

　　有人的地方就有宗教信仰，土地公信仰源自於對自然土地的崇拜，也因為早期農耕生活對土地的依賴，而重視對土地神的祭祀，在不同的族群中，都能發現相關的信仰，只是形式上的差異，隨著時間的增長，歷史堆疊，也為豐原留下了大大小小的土地公廟，從巴宰族的開墾，到漢人來臺，帶來了大量且多元的宗教信仰，也由於人民對於信仰的虔誠，儘管在清朝時發生許多械鬥，各個廟宇仍完整的被保留下來，日治後期因政策的緣故，仍有許多土地公廟被破壞，慶幸的是時間不長，戰後，土地公廟便一座一座的成立，歷史的演進讓我們得以在這塊土地上看到土地公信仰豐富的變化，從一顆石頭、石棚，到磚造小祠、大廟的建立，從沒有神像、到石牌、再到神像，隨著信仰圈的擴大，有些土地公廟甚至還有陪祀神，在組織方面則從香牌的輪值，到管理委員會，甚至是財團法人的經營，在在都顯示出土地公在人民心中的地位，也因為開發歷史的悠久，讓我們在這塊土地上看見信仰在時間的變化。

　　在豐原土地公信仰中，能發現每個不同時代的土地公廟，具有不同的建造因素及背景：

1. 清領及日治時期的農業守護神

清領時期，漢人第一次進入豐原地區開墾，並在這塊土地上建造起大大小小的土地公廟，此時期的土地公廟大約多分布在兩種位置，一和貓霧捒圳有極大的關連，土地公廟多分布於水圳的周遭，負責看守水源，在農業社會中，水源是收成好壞的重要因素，有土地公的鎮守，讓人們感到安心，對土地公也越發虔誠；二則分布在農地周圍，作為守護土地、保佑豐收的神明，農人們常在自己的田地祭祀土地公，以期土地公特別的照顧，並且在每年的春祈秋報時，會舉行特別的祭祀活動來感謝土地公地照顧。

日治時期的豐原仍處於農業社會，此時期的土地公分布與清領時期相似，除了守護水圳的土地公外，多為守護田地的田頭土地公，較特別地是日治時期的土地公廟在建築形式上較為特殊，由於日治時期與日本文化交流，也因為日治後期的政策因素，人們為了保有土地公信仰，在土地公廟的建造時，融入日本元素在內，例如：鳥居、石燈……等，也使得豐原土地公廟在建築形式上更為豐富，但是此時期土地公的功能依然是作為農業的守護神。

2. 戰後轉變為財神

戰後，百廢待興，但也隨著時間逐漸復甦，政府的一連串經濟政策，讓臺灣搭上經濟起飛的列車，成為亞洲四小龍之一，人們沒有忘記早期篳路藍縷時，土地公對於自己的保佑，因此在自己能力許可之下，開始大量興建或是翻修土地公廟，以期回饋土地公的照顧，土地公廟開始脫離原本田邊的小廟，有些信徒眾多的土地公廟甚至蓋起了大廟來感謝土地公，此時的豐原產業結構發生改變，漸漸進入工商業社會，土地公作為農業守護神的功能漸弱，由以商業區最為顯著，因而土地公從農業守護神轉變為商業守護神，從土地公的手持物上便可窺知一二，原本手持拐杖的土地公，開始改拿元寶或是如意，甚至有些土地公廟有了求發財金、求錢母的活動，也象徵著土地公的功能改變。

二、複雜的地形阻隔讓土地公廟眾多

豐原除了位於大甲溪沖積扇外，西部為沖積平原，東部則有山岳、丘陵，一個地區有如此多變的地理景觀，也造就人們生活的多樣態，以下為本研究整理的豐原區各里土地公廟數量之面量圖：

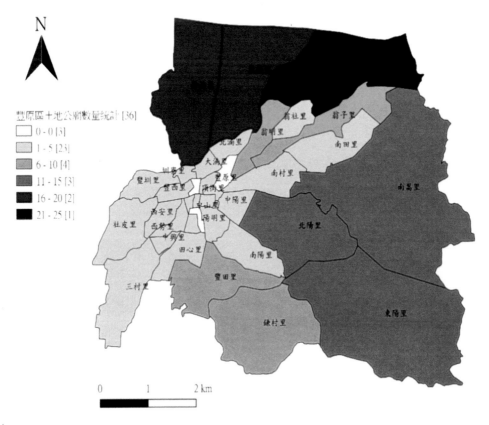

圖 105　豐原區各里土地公廟數量之面量圖

　　從中我們能發現，越往外圍，土地公的數量越多，第一與職業型態有關，
市中心多為工商業用途，不似從事農業的田頭田尾土地公，因此，多為各里
或是兩里一個土地公廟而已，越往外圍，從事農業的人較多，農田遍布，也
因此土地公廟的數量也較多，且多為守護農地的土地公；第二則與地貌有關，
在豐原東部，多為山地，當地人民多種植果樹，也算是務農的人口較多，無
奈受地形阻隔影響較深，因此，人民在自己的果園中多會供奉屬於自己的土
地公，此土地公廟的形式較為簡單，多為石棚式、或是無神像的磚造小祠，
因為是要守護山林果園，當地多稱這種土地公廟為山神土地公，也因此造成
東部土地公廟的數量大增，但因為多屬於私人土地公廟，本研究則未詳加調
查，僅在文章中列出部分呈現，但是無論從事何種工作，我們都能發現人們
對於土地公信仰的痕跡。

　　透過豐原土地公的建廟時間和空間分布，還能發現豐原地區的開發順序，

從最早的圳寮庄、葫蘆墩街開始，逐漸向外圍擴散（如圖 106 豐原土地公廟各時期分布圖），直到清朝末期的鐮村里，每一間土地公廟的建立，都見證著這個地區的發展歷史，漢人凡走過，必留下土地公廟，也因此造就大大小小的土地公廟散落在豐原地區，土地公廟具有強烈的地域性，初到陌生環境開墾，土地公是人民的心靈寄託，以祈求開墾順利，來年豐收，只要人民覺得距離過於遙遠祭祀不易，即可能另起爐灶，建立新的土地公廟，土地不斷地被開發而未見荒廢，土地公廟也理所當然得持續駐守在土地上，豐原地區的開發還在繼續，土地公廟也不斷地在增加中，持續為豐原土地公信仰增添新的面貌。

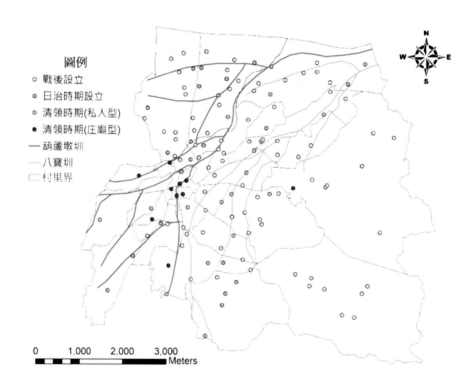

圖 106　豐原土地公廟各時期分布圖

三、各民族的文化融合使土地公信仰複雜且極具特色

　　豐原地區不只自然景觀的豐富，而且人文薈萃，吸引各類不同族群的人前來定居，從最早的平埔族開始，到清朝時期，客家人與閩南人先後來到這塊土地，並帶來了屬於自己家鄉的土地公信仰，早期移民資源不豐，一顆石

頭、一棵大樹都可能成為祭祀的對象，到後來有了神位牌，或是形象化的土地公，儘管閩客在稱呼或是建築上有所差異，但是隨著多年來文化的涵化，閩客的界線在豐原已不是非常清晰，許多客家人也已忘記自己的語言，認為自己是閩南人，但是卻能發現他們稱呼土地公為伯公，以及土地公廟後面具有客家元素的化胎，從這些生活軌跡中，我們能發現有許多土地公廟仍具有閩客融合的特色，客家的廟宇，閩南人祭祀。

進入到日治後期，因為政策的因素，為保留土地公信仰，避免再有廟宇被拆除，而導致居民不安，有些廟宇在建築上做了更動，其中以鐮村里的廟宇最為明顯，里中六間土地公廟，其中有兩間具巴洛克式風格，兩間有鳥居，皆為與日本文化涵化的結果，幸運的是這些廟宇皆保留至今，而讓我們能看到在不同文化交流的過程當中，我們對宗教信仰的虔誠驅使我們包容，接受祂能以不同的形式出現，而產生這些具有特色的土地公廟。

戰後，隨著臺灣的發展，經濟及產業結構的轉變，臺灣從農業社會轉型成工商業社會，也為土地公信仰帶來新的變化，土地公從原本的農業守護神，轉化為有求必應的神明，也祭祀圈擴大、信徒的增加，儘管土地公的神格較低，卻也蓋起大廟，甚至還有陪祀神，土地公廟已不再是石頭或小祠，有些甚至是富麗堂皇，根據第五章統計，豐原地區在戰後增加最多的土地公廟，也大大增添了豐原土地公廟的多元性。

豐原土地公信仰的多元，能在此看見各種不同樣態的土地公，雖然多屬於守護土地的田頭土地公，但也同時存在不同功能的土地公：

1. 以里命名的村落守護神

一個里至少要有一座土地公廟，是許多地區居民的期盼，一個專任守護地區的土地公，才能照看當地居民，因此在豐原地區行政劃分有所更動時，許多以里為命名的福德祠建立，寓意就在於守護地方，例如：田心里福德祠、中陽里福德祠、中興里福德祠……等，皆為當地極為重要的福德祠，也是當地居民認定的村落守護神。

2. 百姓公廟旁的墳墓守護神

除了墓地中的土地公之外，在清朝時期，豐原發生多場械鬥，使得豐原地區散落許多百姓公廟，甚至是義士祠，在這些百姓公廟旁，時常有土地公廟的蹤跡，藉由土地公引領亡者的功能，期盼能協助這些無人祭祀的亡者，

也能在土地公的引導下，進入陰間，而非流連陽世，因此，在半張萬善堂旁有南翁福德祠；在百姓公廟旁有南福祠；在聚星觀上有中陽里福德祠……等，這些土地公應多扮演此種角色。

3. 葫蘆墩圳及八寶圳的守護神

自古以來，水源對於農業社會而言，非常重要，在豐原地區的開發史上，葫蘆墩圳即佔有一席之地，葫蘆墩圳就如同母親河般重要，守護地區發展，在豐原許多土地公廟都與葫蘆墩圳脫不了關係，豐原最早的福德祠「圳寮福德祠」即是守護葫蘆墩圳的土地公，除此之外，尚有豐榮頂街里福德祠、橫街尾福德祠、豐榮下街里雙福祠、豐圳里福德祠……等，或是直接以水源名稱命名的福德祠：埤頭福德祠、水尾福德祠……等，皆為守護水源或水利設施的福德祠，然後特別的是，這些福德祠多守護在葫蘆墩圳旁，在豐原卻有一個特別的土地公廟坐落於葫蘆墩圳東汴和西汴幹線的分支上，不僅是守護水圳，更重要的是守護葫蘆墩圳的分流，確保兩條幹線都有水源流經，名符其實的水上土地公。

4. 產業轉型後的工商業守護神

由於豐原並無礦業，因此土地公無此功能，自古以來，豐原大多從事農業，直到戰後轉變為工商業，土地公也轉變為工商業的守護神，最顯著可證實的地方在於原本土地公手中多為拐杖，但是位於商業區的土地公廟多換成如意或元寶，未見拐杖的蹤跡，例如：中山里福德祠、豐原頂街里福德祠……等，甚至會有土地公駐守街頭巷尾來為街上商家守住財源，特別是在豐原有些土地公廟是以「街名」來命名，例如：橫街尾福德祠、大街尾福德祠……等，橫街與大街是豐原自清朝有街市以來最熱鬧的街道，由此可知此兩間土地公廟對於商業的影響，在產業轉型初期，許多工廠紛紛建立，也由工廠出資建立屬於地方的土地公，例如：翁明里福德祠、第15鄰福德祠……等，透過土地公信仰的研究，亦帶出豐原產業結構的改變，當土地公作為農業神的功能已不適用於當代時，信眾亦為土地公增添功能，以隨著社會變遷，而順應當代。

土地公信仰無論是在從前或是現在，都在人們的心中佔有一席之地，或許功能有所改變，但都偏移不了安定人心、安定社會的功能，當現實社會越紛亂，信仰就更顯得重要，也因此土地公的功能從守護土地、守護水源，變

成有求必應,當我們今天已經盡自己最大的可能,卻仍無法實現願望時,也只能求神拜佛保心安,經信仰而凝聚的力量非常強大,從近年來越演越烈的媽祖遶境,我們便能窺知一二,雖然土地公的信仰圈並未如媽祖範圍大,但是對於鄰里的影響仍然非常深遠。

建立土地公廟,在鄰里中隔出一個神聖的空間,除了日常祭祀之外,更提供居民一個社交的場所,我們時常能在土地公廟的大樹下看見桌椅、茶具,許多長者會在閒暇時間至土地公廟聊天,許多活動也會在土地公廟舉辦,此時的土地公不再只是神明,更貫徹他里長伯的形象,與社區結合。

雖然近年來土地公廟有功利化的現象,然而,也因為土地公廟的功利化,讓土地公廟與社區更緊密結合,功德金除了能夠支援寺廟的修繕及各種開銷之外,還能對社區有所回饋,辦理各項活動,甚至提供急難救助,幫助社區居民度過難關,也透過土地公廟的各項活動,拉起逐漸疏離的人際關係,土地公似乎不再只是信仰,不只在心靈層面提供支持,甚至在現實生活中,也給予實質的幫助。

儘管土地公在神格中是最低的神明,但或許就是土地公不那麼高高在上的特質,我們能發現祂是與人民最親近的神明,也因為每個人都很容易接觸到土地公,在建造土地公廟時,人們很容易能提出自己的意見,近而建造出具有在地特色的土地公廟,無論是在建築、神像、服飾上,每間土地公廟都有所差異,甚至有些土地公廟相當具有特色,土地公的親民,也為自己增添了多元性,期許這些土地公信仰能在時間的洪流之下保留下來,不只是繼續護佑鄉里,更希望屬於在地的土地公故事能世代傳承,讓更多人知道,土地公信仰已是生活的一部分,土地公保佑我們能在這塊土地上安居樂業,而人們則傳頌著土地公的故事,也期許未來能有更多人關心,並投入在地事務。

參考書目

一、志書及宗教史料

1. 清‧余文儀（1993），《續修臺灣府志》，南投：臺灣文獻委員會。

2. 清‧周鍾瑄（1993），《諸羅縣志》，南投：臺灣文獻委員會。

3. 清‧高拱乾（1993），《臺灣府志》，南投：臺灣文獻委員會。

4. 清‧陳文達（1993），《臺灣縣志》，南投：臺灣文獻委員會。

5. 未著撰人（昭和年間影本），《寺廟臺帳‧臺中州豐原郡Ⅰ（上）》，中研院人文社會聯圖（臺史所影印特藏），出版地不詳：出版者不詳。

6. 臺灣省文獻委員會編印（1971），《臺灣省通志，卷三政事志社會篇》，臺北：臺灣省文獻委員會。

二、專書

1. 王志宇（2008），《寺廟與村落：臺灣漢人社會的歷史文化觀察》，臺北市：文津出版社。

2. 王國璠（1968），《臺北市歲時紀》，臺北：臺北市文獻委員會。

3. 王健旺（2003），《臺灣的土地公》，臺北縣新店市：遠足文化。

4. 李君如（2001），《豐原采風》，豐原市：豐原市公所。

5. 林美容（1993），《臺灣人的社會與信仰》，臺北：自立晚報出版社。

6. 林越峰（1936），〈葫蘆墩〉，載於李獻璋（主編），《臺灣民間文學集》，臺北市：龍文出版。

7. 洪麗完（1997），《臺灣中部平埔族：沙轆社與岸裡大社之研究》，臺北縣板橋市：稻鄉出版社。

8. 胡萬川（2005），《楊梅鎮客語故事（一）》，桃園市：桃園縣文化局。

9. 張伯鋒、張聖翎、黃兆毅、巫宜娟、鄭吉成（2006），《臺灣地名辭書，

卷十二，臺中縣（一）》，南投市：臺灣文獻館。

10. 陳炎正（1986），《豐原市志》，臺中縣：豐原市公所。

11. 陳炎正（2000），《葫蘆墩圳開發史》，臺中縣：臺中縣葫蘆墩文教協會。

12. 曾喜城（2003），《臺灣六堆客家傳統建築與風水關係之研究》，臺北市：行政院客家委員會。

13. 馮作民（1985），《臺灣歷史百講》，臺北：青文出版社。

14. 楊逢元（2012），《福德好神》，臺北市：晴易文坊。

15. 劉文三（1980），《臺灣宗教藝術》，臺北：雄獅圖書股份有限公司。

16. 鄭志明（1993），《臺灣的宗教與秘密教派》，臺北：臺原出版社。

17. 賴志彰（1997），《臺中縣街市發展：豐原、大甲、內埔、大里》，臺中縣：臺中縣立文化中心。

三、期刊論文

1. 王世慶（1972），〈民間信仰在不同祖籍移民的鄉村之歷史〉，《臺灣文獻》，第 23 卷（3 期），頁 1〜38。

2. 李玄伯（1963），〈社祭演變考略──臺灣土地廟的調查研究〉，《大陸雜誌》，26 卷（10 期），頁 1〜5。

3. 吳仲一（2010），《土地公廟與板橋的開發》，臺北市立教育大學社會科教育學系碩士班，臺北市。

4. 吳聲淼（2009），《隘墾區伯公研究：以新竹縣北埔地區為例，國立中央大學客家社會文化研究所，桃園縣，》

5. 岡田謙（1960），〈臺灣北部村落之祭祀範圍〉，《臺北文物》，9 卷（4 期），頁 14〜29。

6. 林怡資（2009），《「阮ê土地公」：埔里土地公信仰研究》，國立暨南國際大學人類學研究所，南投縣。

7. 林美容（1987），〈土地公廟──聚落的指標：以草屯鎮為例〉，《臺灣風物》，37 卷（1 期），頁 53〜81。

8. 林美容（1988），〈由祭祀圈到信仰圈：臺灣民間社會的地域構成與發展〉，《歷史月刊》（9 期），頁 59〜63。

9. 邵于婷（2007），《南臺灣土地公神像帽冠造形研究》，南華大學應用藝術與設計學系碩士班碩士論文。

10. 施振民（1973），〈祭祀圈與社會組織──彰化平原聚落發展模式的探討〉，《中央研究院民族學研究所集刊》（36 期），頁 191〜208。

11. 施添福（1995），〈清代臺灣岸裡地域的族群轉換〉，載於潘英海、詹素娟（主編），《平埔研究論文集》，臺北市：中央研究院臺灣史研究所籌備處，

頁 301～332。

12. 紀秀足（2009），《臺灣土地公信仰探究——以嘉義市土地公廟為例》，國立中正大學臺灣文學所，嘉義縣。

13. 胡婷婷（2007），《臺灣民間土地公信仰之研究》，華梵大學東方人文思想研究所，新北市。

14. 徐大智（2004），《戰後臺灣平埔研究與族群文化復振運動：以噶瑪蘭族、巴宰族、西拉雅族為中心》，國立中央大學歷史研究所碩士論文。

15. 張二文（2002），《美濃土地伯公信仰之研究》，國立臺南大學鄉土文化研究所碩／博士班，臺南市。

16. 張明月（2001），《光復以後豐原的都市發展與變遷》，國立彰化師範大學地理學系碩士論文。

17. 許世融（2014），〈20 世紀上半臺中地區閩客族群的分布——幾種日治時期種族祖籍調查的分析比較〉，《興大人文學報》（52 期），頁 49～91。

18. 許嘉茵（2014），〈土地公傳說及其形象研究〉，《東吳中文線上學術論文》，第 26 期，頁 97～116。

19. 郭明德（1997），〈臺灣民間信仰之省思〉，《臺北文獻》，第 122 期，頁 81～97。

20. 陳秀蓉（1998），〈日據時期臺灣民間信仰的發展〉，《歷史教育》，第 3 期，頁 143～162。

21. 陳尚美（2010），《豐原地區祭祀圈研究》，國立臺中教育大學社會科教育學系碩士班，臺中市。

22. 傅朝卿（1998），〈臺灣的西方歷史式樣建築〉，《臺灣月刊》，第 189 期，頁 4～8。

23. 曾元駿（2010），《鹿谷鄉的聚落發展與土地公信仰》，臺東大學進修部署期社教碩士班。

24. 曾吉鴻（2010），《臺灣民間文學有關土地公的形象之研究》，玄奘大學宗教學系碩士在職專班，新竹市。

25. 黃子芳（2009），《由犁頭店土地公廟理解地方與聚落場域》，南華大學建築與景觀學系環境藝術碩士班，嘉義縣。

26. 劉枝萬（1994），〈臺灣民間信仰之調查與研究〉，《臺灣風物》，44 卷（1 期），頁 15～29。

27. 劉阿榮（2011），〈族群遷移與宗教轉化——以福德正神信仰為例〉，載於徐雨村（主編），《族群遷移與宗教轉化：福德正神與大伯公的跨國研究》，新竹：國立清華大學人文社會學院。

28. 蘇法達（2002），《從彩票到愛國獎券——公辦彩券與國家財政關係之探討》，淡江大學歷史學系碩士論文，新北市。

四、報紙及網路資源

1. 徐義平（2014.3.31），全臺 57 萬坪土地屬神明　土地公最多，自由財經，取自：https://ec.ltn.com.tw/article/paper/766732。

2. 游振昇（2006.11.25），擲筊立杯　眾人稱奇，聯合新聞網，C2 版。

3. 游振昇（2010.03.11），神跡+遺言　他日日拜土地公，聯合新聞網，B2 版。

4. 廖仁滄（2011），豐原保正祠旁老榕樹，文化部臺灣大百科，取自 http://nrch.culture.tw/twpedia.aspx?id=25350

5. 臺灣新民報（1937），臺灣人士鑑，取自：http://mhdb.mh.sinica.edu.tw/mhpeople/bookimage.php?book=TW&page=444。

6. 蔡和穎（2011.6.18），臺灣寺廟教堂　逾 1 萬 5 千座，大紀元，取自：http://www.epochtimes.com/b5/11/6/18/n3290008.htm。

7. 劉曉欣（2018.05.03），外派當神 70 年！「土地公祖」將返回祖家駐駕 7 天，自由時報，取自：https://news.ltn.com.tw/news/life/breakingnews/2414624。

五、圖片來源

圖名	拍攝者	拍攝時間	圖名	拍攝者	拍攝時間
圖 2	洪岱筠	2019.01.18	圖 21	洪岱筠	2018.09.06
圖 3	洪岱筠	2018.09.07	圖 22	洪岱筠	2018.08.30
圖 4	洪岱筠	2019.05.31	圖 23	洪岱筠	2018.08.30
圖 5	岸裡大社文書數位典藏		圖 24	洪岱筠	2018.08.30
圖 6	洪岱筠	2018.09.07	圖 25	洪岱筠	2019.01.17
圖 7	洪岱筠	2018.09.06	圖 26	洪岱筠	2019.01.18
圖 8	洪岱筠	2018.09.07	圖 27	洪岱筠	2018.09.08
圖 9	洪岱筠	2018.09.08	圖 28	洪岱筠	2018.09.06
圖 10	洪岱筠	2018.09.09	圖 29	洪岱筠	2018.09.30
圖 11	洪岱筠	2018.09.06	圖 30	洪岱筠	2018.09.08
圖 12	洪岱筠	2018.09.07	圖 31	洪岱筠	2019.01.10
圖 13	洪岱筠	2018.09.07	圖 32	洪岱筠	2019.01.11
圖 14	洪岱筠	2018.09.08	圖 34	洪岱筠	2018.09.07
圖 15	洪岱筠	2019.01.13	圖 35	洪岱筠	2018.09.07
圖 17	洪岱筠	2018.09.07	圖 36	洪岱筠	2018.09.07
圖 18	洪岱筠	2018.09.07	圖 37	洪岱筠	2018.09.06
圖 19	洪岱筠	2018.09.06	圖 38	洪岱筠	2018.09.07

圖 20	洪岱筠	2018.09.06	圖 39	洪岱筠	2018.09.06
圖 40	洪岱筠	2018.09.06	圖 73	洪岱筠	2019.03.12
圖 41	洪岱筠	2018.09.06	圖 74	洪岱筠	2019.01.12
圖 42	洪岱筠	2019.03.12	圖 75	洪岱筠	2018.08.30
圖 43	洪岱筠	2019.02.25	圖 76	洪岱筠	2019.01.10
圖 44	洪岱筠	2019.02.25	圖 77	洪岱筠	2018.08.30
圖 45	洪岱筠	2019.02.25	圖 78	洪岱筠	2019.04.30
圖 46	洪岱筠	2019.02.25	圖 79	洪岱筠	2018.08.30
圖 47	洪岱筠	2019.02.25	圖 80	洪岱筠	2018.01.13
圖 48	洪岱筠	2019.02.23	圖 81	洪岱筠	2019.01.12
圖 49	洪岱筠	2018.08.30	圖 82	洪岱筠	2018.09.06
圖 50	洪岱筠	2018.08.30	圖 83	洪岱筠	2018.09.06
圖 51	洪岱筠	2019.01.18	圖 84	洪岱筠	2019.03.12
圖 52	洪岱筠	2019.01.18	圖 85	洪岱筠	2018.09.06
圖 53	洪岱筠	2019.03.07	圖 86	洪岱筠	2019.03.13
圖 54	洪岱筠	2018.09.08	圖 87	洪岱筠	2019.03.13
圖 55	洪岱筠	2018.09.06	圖 88	洪岱筠	2018.09.06
圖 56	洪岱筠	2019.01.10	圖 89	洪岱筠	2019.01.13
圖 58	洪岱筠	2018.09.06	圖 90	洪岱筠	2019.01.11
圖 59	洪岱筠	2019.02.25	圖 91	洪岱筠	2019.01.11
圖 60	洪岱筠	2019.01.18	圖 92	洪岱筠	2019.02.23
圖 61	洪岱筠	2018.09.07	圖 93	洪岱筠	2018.09.07
圖 62	洪岱筠	2018.09.07	圖 94	洪岱筠	2019.01.18
圖 63	洪岱筠	2019.03.08	圖 95	洪岱筠	2018.09.07
圖 64	洪岱筠	2019.02.23	圖 96	洪岱筠	2018.09.06
圖 65	洪岱筠	2018.09.09	圖 97	洪岱筠	2019.01.18
圖 66	洪岱筠	2018.09.06	圖 98	洪岱筠	2018.03.07
圖 67	洪岱筠	2019.03.08	圖 99	洪岱筠	2019.01.13
圖 68	洪岱筠	2019.02.23	圖 100	洪岱筠	2018.09.30
圖 69	洪岱筠	2019.02.23	圖 101	洪岱筠	2019.02.19
圖 70	洪岱筠	2019.03.12	圖 102	洪岱筠	2019.03.11
圖 71	洪岱筠	2019.09.07	圖 103	洪岱筠	2019.01.10
圖 72	洪岱筠	2019.01.12	圖 104	洪岱筠	2018.09.07